经济管理虚拟仿真实验系列教材

投资理财仿真实训

Touzi Licai Fangzhen Shixun

主　编　许晓静　唐　平
副主编　李程钢　粟丽历　文　丽　李　虹　艾治润

西南财经大学出版社
Southwestern University of Finance & Economics Press
中国·成都

图书在版编目(CIP)数据

投资理财仿真实训/许晓静,唐平主编.—成都:西南财经大学出版社,2019.12
ISBN 978-7-5504-4287-0

Ⅰ.①投… Ⅱ.①许…②唐… Ⅲ.①投资—教材 Ⅳ.①F830.59

中国版本图书馆 CIP 数据核字(2019)第 299008 号

投资理财仿真实训
主 编 许晓静 唐平
副主编 李程钢 粟丽历 文丽 李虹 艾治润

责任编辑:向小英
责任校对:涂洪波
封面设计:杨红鹰 张姗姗
责任印制:朱曼丽

出版发行	西南财经大学出版社(四川省成都市光华村街 55 号)
网 址	http://www.bookcj.com
电子邮件	bookcj@foxmail.com
邮政编码	610074
电 话	028-87353785
照 排	四川胜翔数码印务设计有限公司
印 刷	郫县犀浦印刷厂
成品尺寸	185mm×260mm
印 张	11
字 数	241 千字
版 次	2019 年 12 月第 1 版
印 次	2019 年 12 月第 1 次印刷
印 数	1— 2000 册
书 号	ISBN 978-7-5504-4287-0
定 价	32.00 元

经济管理虚拟仿真实验系列教材
编　委　会

总 序

高等教育的任务是培养具有实践能力和创新创业精神的高素质人才。实践出真知。实践是检验真理的唯一标准。大学生的知识、能力、素养不仅来源于书本理论与老师的言传身教，更来源于实践感悟与经历体验。

我国高等教育正从精英教育向大众化教育转变，客观上要求高校更加重视培育学生的实践能力和创新创业精神。以往，各高校主要通过让学生到企事业单位和政府机关实习的方式来训练学生的实践能力。但随着高校的不断扩招，传统的实践教学模式受到学生人数多、岗位少、成本高等多重因素的影响，越来越无法满足实践教学的需要，学生的实践能力的培育越来越得不到保障。鉴于此，各高校开始探索通过实验教学和校内实训的方式来缓解上述矛盾，而实验教学也逐步成为人才培养中不可替代的途径和手段。目前，大多数高校已经认识到实验教学的重要性，认为理论教学和实验教学是培养学生能力和素质的两种同等重要的手段，二者相辅相成、相得益彰。

相对于理工类实验教学而言，经济管理类实验教学起步较晚，发展相对滞后。在实验课程体系、教学内容（实验项目）、教学方法、教学手段、实验教材等诸多方面，经济管理实验教学都尚在探索之中。要充分发挥实验教学在经济管理类专业人才培养中的作用，需要进一步深化实验教学的改革、创新、研究与实践。

重庆工商大学作为具有鲜明财经特色的高水平多科性大学，高度重视并积极探索经济管理实验教学建设与改革的路径。学校经济管理实验教学中心于2006年被评为“重庆市市级实验教学示范中心”，2007年被确定为“国家级实验教学示范中心建设单位”，2012年11月顺利通过验收成为“国家级实验教学示范中心”。经过多年的努力，我校经济管理实验教学改革取得了一系列成果，按照能力导向构建了包括学科基础实验课程、专业基础实验课程、专业综合实验课程、学科综合实验（实训）课程和创新创业类课程五大层次的实验课程体系，真正体现了“实验教学与理论教学并重、实验教学相对独立”的实验教学理念，并且建立了形式多样，以过程为重心、以学生为中心、以能力为本位的实验教学方法体系和考核评价体系。

2013年以来，学校积极落实教育部及重庆市教委建设国家级虚拟仿真实验教学中心的相关文件精神，按照“虚实结合、相互补充、能实不虚”的原则，坚持以能力为导向的人才培养方案制定思路，以“培养学生分析力、创造力和领导力等创新创业能力”为目标，以“推动信息化条件下自主学习、探究学习、协作学习、创新学习、创业学习等实验教学方法改革”为方向，创造性地构建了“‘123456’经济管理虚拟仿真实验教学资源体系”，即“一个目标”（培养具有分析力、创造力和领导力，适应经济社会发展需要的经济管理实践与创新创业人才）、“两个课堂”（实体实验课堂和虚拟仿真实验课堂）、“三种类型”（基础型、综合型、创新创业型实验项目）、“四大载体”（学科专业开放实验平台、跨学科综合实训及竞赛平台、创业实战综合经营平台和实验教学研发平台）、“五类资源”（课程、项目、软件、案例、数据）、“六个结合”（虚拟资源与实体资源结合、资源与平台结合、专业资源与创业资源结合、实验教学与科学研究结合、模拟与实战结合、自主研发与合作共建结合）。

为进一步加强实验教学建设，在原有基础上继续展示我校实验教学改革成果，由学校经济管理虚拟仿真实验教学指导委员会统筹部署和安排，计划推进“经济管理虚拟仿真实验系列教材”的撰写和出版工作。本系列教材将在继续体现系统性、综合性、实用性等特点的基础上，积极展示虚拟仿真实验教学的新探索，其所包含的实验项目设计将综合采用虚拟现实、软件模拟、流程仿真、角色扮演、O2O操练等多种手段，为培养具有分析力、创造力和领导力，适应经济社会发展需要的经济管理实践与创新创业人才提供更加接地气的丰富资源和“生于斯、长于斯”的充足养料。

本系列教材的编写团队具有丰富的实验教学经验和专业实践经历，一些作者还是相关行业和企业的实务专家。他们勤勉耕耘的治学精神和扎实深厚的执业功底必将为读者带来智慧的火花和思想的启迪，希望读者能够从中受益。在此对编者们付出的辛勤劳动表示衷心感谢。

毋庸讳言，编写经济管理类虚拟仿真实验教材是一种具有挑战性的开拓与尝试，加之虚拟仿真实验教学和实践本身还在不断地丰富与发展，因此，本系列实验教材必然存在一些不足甚至错误，恳请同行和读者批评指正。我们希望本系列教材能够推动我国经济管理虚拟仿真实验教学的创新发展，能为培养具有实践能力和创新创业精神的高素质人才尽绵薄之力！

重庆工商大学校长、教授

2017 年 12 月 25 日

前 言

理财能力是财商教育的核心内容，是当代青年必备技能。国内外有不少投资理财的教材，为我们提供了全面的理论知识体系。随着科技发展和金融创新，国内外金融环境、金融产品也在不断更新，个人投资理财涉及的内容也发生了较大变化。为了使投资理财理论与实务发展相结合，适应信息化时代教育教学的新规律，培养应用型、复合型、创新型、国际化人才，我们编写了以实践教学为重点，训练学生理财技能的实训教材。

投资理财仿真实训课程是理论知识和实际技能的结合。它融合了经济学、金融学、管理学、会计学、统计学、投资学等多门课程知识，应用性、操作性很强。本教材结合虚拟仿真实验教学的方法和手段，构建了以基础实训、模拟实训、综合实训为主的教学结构，以深圳智盛信息技术股份有限公司开发的个人理财（专业版）系统为教学软件，设计了八个实训项目，强化理财规划能力培养的实践教学，为学生提供一个模拟仿真的实验教学环境。本教材深入浅出，理论与实践结合，引入案例和学生实验报告，不仅适合高等院校财经类专业的实践教学，也可供其他专业学生和社会人员自学之用。

本教材由重庆工商大学许晓静老师负责总体框架设计，具体分工如下：实训一、实训二、实训三、实训五、实训七、实训八，许晓静设计；实训四、实训六，唐平设计；案例应用篇，唐平和许晓静设计；剩余四个案例为数字资源（读者可关注“西南财经大学出版社教学服务平台”免费索取），由李程钢（深圳智盛信息技术股份有限公司）设计；实验报告汇编见图书中二维码，由重庆工商大学投资理财综合实训课程组李虹、文丽、艾治润、许晓静、粟丽历、唐平老师提供。

目 录

第一篇 基础实训篇

第二篇 模拟实训篇

第三篇　综合实训篇

第四篇　案例应用篇

第五篇　实验报告汇编

第一篇

基础实训篇

实训一　理财规划基础

【实训目的与要求】

1. 理解投资理财及理财规划的内涵。
2. 掌握投资理财规划主要内容。
3. 掌握投资理财规划主要流程。
4. 熟练运用投资理财基本原理。
5. 理解资金的时间价值。
6. 掌握利用 Excel 计算资金的时间价值。

【实训准备知识】

一、投资理财的内涵

市场经济中，个人家庭财富也像经济资源一样，相对于人们的欲望是有限的。投资理财既是一项金融服务，也是个人理财能力。理财能力即财商是作为经济人的生存能力，与智商、情商并列成为现代社会三大必备素质。从理财的过程来讲，投资理财是通过收集和整理个人或家庭的财务数据，分析财务状况，根据人生阶段、风险偏好等情况，设计财务管理规划方案的过程。投资理财的核心在于根据人生不同阶段的财务需求，利用金融工具合理配置资产，实现个人或家庭财富的保值和增值。

二、投资理财的主要内容和程序

（一）投资理财的主要内容

投资理财主要包括了现金理财、消费支出理财、金融工具理财、保险理财、教育理财、退休期理财等内容。

1. 现金理财

现金理财就是既要拥有的资产保持良好的流动性，满足个人或家庭支付日常费用的需要，又要流动性较强的资产保持一定的收益。它有助于让资金既能满足家庭的生活需要，又能满足储蓄的计划。

2. 消费支出理财

家庭消费支出包括住房支出、汽车消费支出、信用卡消费支出等内容。家庭消费支出理财的目的是要树立正确的消费观念，合理安排消费资金，利用消费信贷提前实现财富梦想。

3. 金融工具理财

金融工具理财是通过在金融市场上选择证券类投资工具，合理配置投资比例，综合运用各种技术进行分析。目前在中国市场上可用的金融工具主要有股票、债券、外汇、黄金、期货等。

4. 保险理财

保险理财是从家庭人身和财产可能遭遇的各种风险及其影响考虑，选择合适的保险品种期限及保险金额，以避免风险发生时给个人或家庭生活带来冲击，让个人及其家庭尽可能获得最大的安全保障，从而提高客户的生活质量。

5. 教育理财

教育理财是通过分析子女的教育目标和子女年龄，估算为达成其子女的教育目标所需的费用，进而计算既定的教育目标的教育金缺口，以及怎样通过储蓄和投资弥补教育金的缺口。

6. 退休期理财

退休期理财是通过估算退休后的支出或生活需求，并估算退休后的收入，进一步估算退休金缺口，制订退休规划，通过储蓄投资或保险筹集资金以弥补退休金缺口，满足退休后漫长生活的支出需求，做到老有所养，老有所终。

（二）投资理财的主要程序

投资理财的主要程序：

1. 收集和整理家庭财务信息

收集和整理家庭财务信息包括客户个人或其家庭基本情况，如客户个人的收入支出、资产负债、投资等方面的信息与家庭收支状况、资产状况、投资状况与预测等方面的信息。这些是进行投资理财的基础和依据。

2. 根据性别、年龄、投资偏好、风险偏好等信息，测试个人投资风险承受能力

这项内容与收集和整理家庭财务信息都是投资理财的前期准备工作。

3. 编制家庭财务报表，分析财务状况

这是投资理财的重要环节。个人或家庭财务管理主要是收集一定时期内收入和支出的项目和金额，并加以整理，在此基础上编制个人或家庭的现金流量表；收集资产和负债的项目和金额，并加以整理，在此基础上编制个人或家庭的资产负债表；通过现金流量表和资产负债表，分析当前财务状况，找出财务问题。

4. 明确投资理财目标

根据人生阶段、职业规划、收入水平、风险承受能力等设定合理的投资比例配置和理财期望。

5. 设计投资理财方案

该方案包括如何解决现有的财务问题，并设计好以现金理财、消费理财、金融工具理财等为主要内容的理财规划。

6. 执行和定期调整投资理财方案

在投资理财的过程中，工作、收入以及经济运行环境的变化都需要及时调整投资理财方案，根据实际情况对投资理财的方案进行修正。

三、生命周期理论

（一）生命周期概念

生命周期理论是指个人在相当长的时间内计划消费和储蓄行为，以在整个生命周期内实现消费的最佳配置。生命周期理论是由意大利人莫迪利阿尼等人创建的。莫迪利阿尼认为人的生命是有限的，可以区分为依赖、成熟和退休三个阶段。一个人一生的财富累积状况就像驼峰的形状，在人年轻时很少，赚钱之后开始成长累积到退休之前（中年时期），其财富累积达到高峰，随后开始降低。基本思想是：一个人综合考虑其即期收入、未来收入，以及可预期的开支、工作时间、退休时间等因素来决定目前的消费和储蓄，以使其消费水平在一生内保持相对平衡，而不至于出现消费水平的大幅波动。

（二）个人生命周期各阶段理财活动

（1）单身期。参加工作至结婚，收入较低开支较大，这时期的理财重点不在于获利而在于积累经验，采用手段是求学深造或参加职业培训。主要的投资理财工具是活期存款、定期存款和基金定投，保险计划以意外险和寿险为主。

（2）家庭形成期。这个时期以择偶结婚为主。生育小孩之后，子女存在学前教育问题，经济收入增加、生活稳定，合理安排家庭支出。理财活动主要是量入为出，为结婚买房服务。投资理财工具可以选择股票、基金等高收益高风险的产品，保险计划可以选择寿险和储蓄险。

（3）事业发展期。这个时期既是发展事业的时期，也是子女教育费用较高的时期。由于收入的提高，拥有房子、车子，但生活费用猛增。理财主要集中在房贷车贷，子女教育存款。投资理财工具可以选择投资性房地产、股票、基金，保险计划可以选择养老险和定期寿险

（4）事业成熟期。家庭稳定，事业持续发展时期。子女工作至本人退休，收入处于高峰期，适合积累，可扩大投资。理财活动主要集中在合理安排消费、投资，消费信贷基本还清，保险计划可以选择养老险和投资保单。

（5）退休期。60 岁以后，养老时代，稳健投资保住自己的财产。退休之后收入减少，投资和消费都较保守，理财原则身体健康第一、财富第二，主要以稳健、安全、保值为目的。投资理财工具主要选择固定收益产品和退休年金，可以进行遗产规划。

投资理财就是根据个人不同生命周期收入、支出、风险偏好的特征，科学利

用理财产品、证券保险等金融工具，来进行理财活动和财务安排。

（三）家庭生命周期各阶段理财活动

（1）单身期。单身期是指从参加工作至结婚的时期。刚刚参加工作，收入不高，但也没有太大的家庭负担，是资金积累的初期。由于这个阶段的经济收入比较低且花销大，是未来家庭资金积累期，投资重点不在于获利，而在于积累经验。

理财建议：可将资本的50%左右投资于风险大、长期回报高的股票以及股票型基金或外汇、期货等金融品种；30%左右选择定期储蓄、债券或债券型基金等较安全的投资工具；20%左右以活期储蓄的形势保证其流动性，以备不时之需。

（2）家庭形成期。家庭形成期是指从结婚到子女出生。此时家庭的生活消费压力较大。经济收入增加而且生活稳定，家庭已经有基本生活用品和一定的财力。为提高生活质量往往需要较大的家庭建设支出，如购买一些较高档的用品；贷款买房的家庭还需一笔大的开支——月供款。此阶段的理财重点放在合理安排家庭建设的支出上。

理财建议：将可投资资本的70%投资于股票或成长型基金；10%投资于债券和保险；20%留作活期储蓄。信贷可以选择信用卡和小额信贷。

（3）事业发展期。这一时期是指从小孩出生直到上大学，家庭成员稳定，家庭成员的年龄都在增长，家庭的最大开支是保健医疗费、教育费用。同时，随着子女的自理能力增强，父母精力充沛，又积累了一定的工作经验和投资经验，投资能力大大增强。

投资建议：将可投资资本的60%投资于股票或成长型基金；30%投资于债券和保险；10%留作活期储蓄；保险可选择缴费少的定期险、意外保险、健康保险等。

（4）事业成熟期。成熟期是子女独立、事业发展稳定，子女参加工作到家长退休为止这段时期。这期间自身的工作能力、工作经验、经济状况都达到高峰状态，子女已完全自立，因此最适合积累财富，理财的重点是扩大投资。

投资建议：将可投资资本的50%用于股票或同类基金；40%用于定期存款、债券及保险；10%用于活期储蓄。但随着退休年龄逐渐接近，用于风险投资的比率应逐渐减少；在保险需求上，应逐渐偏重于养老、健康、重大疾病险，制订合适的养老计划。

（5）退休期。退休期的投资通常都比较保守，适度消费，享受生活。理财原则主要以稳健、安全保值为理财目的。

投资建议：将可投资资本的20%用于股票或股票型基金，60%用于定期储蓄或债券，20%进行活期储蓄。对于资产较多的老年投资者，此时可采用合法避税手段，把财产有效地交给下一代。

四、资金时间价值

（一）资金时间价值的含义

1. 资金时间价值的概念

资金时间价值又称货币的时间价值，就是资金经历一定时间的投资和再投资所增加的价值。

西方经济学家认为资金的时间价值产生的原因主要是“时间偏好”。时间偏好就是人们对当前一定质量和数量的财富与一段时间后相同质量和数量的财富的价值的偏差。目前拥有的货币比未来收到的同样金额的货币具有更大的价值是因为目前拥有的货币可以进行投资，在目前到未来这段时间里能够获得复利。

2. 资金时间价值产生的原因

资金时间价值产生的原因有三个。一是资金可以满足当前消费或用于投资而产生投资回报，属于机会成本。二是通货膨胀可能造成货币贬值。三是投资具有不确定性，资金持有者要承担风险，所以需要提供风险补偿。

（二）资金时间价值的表现形式与计算方法

（1）单利和复利。单利是指在计算利息时，只本金计算利息，所产生的利息不考虑计息。这种计息方式不能完全反映资金的时间价值。银行储蓄存款一般用单利计息。

本利和计算公式：

$$本利和=本金+本金\times利率\times期限$$

复利是对本金及本金产生的利息都要计息的计算方法。在每一个计息期，上一个计息期的利息都将成为生息的本金，即“利滚利”。计算利息时，按一定期限将上一期所产生的利息计入本金一并计算利息的方法。

复利本利和计算公式：

$$本利和=本金\times（1+利率）^{期限}$$

（2）现值和终值的计算。现值是指未来的某个时点上一笔资金折算到现在的价值。也就是一笔资金按规定的折现率，折算成现在或指定起始日期的数值，通常记作 P。现值具有可加性。一组现金流总的现值即等于单笔资金的现值之总和。终值是指现在一定量的资金在将来某一时点上的价值，或者说是用复利计息方法计算的一定金额的初始投资在未来某一时点的本利和，通常记作 F。

①单利现值和单利终值。终值与现值是与复利、单利相关联的概念，互为倒数关系，现值是终值的逆运算。单利现值和单利终值的函数关系为：

$$F = P(1 + i \times n)$$

上式中，F 为终值，P 为现值，i 为年利率，n 为计息期数或年数。

【例 1.1】假设小王现在有 10 000 元余额可以存入银行，存款期限 3 年，3 年期存款利率为 2%。王先生现在存入银行的 10 000 元 3 年后是多少？

解析：已知 $P=10\ 000$, $i=4.75\%$, $n=5$

$F=10\ 000\times(1+2\%\times3)=10\ 600$（元）

②复利现值和复利终值。复利现值（终值）按一年内计算利息的次数，又可以划分为普通复利现值、终值和周期性复利现值、终值。普通复利现值和终值的函数关系为：$F=P(1+i)^n$。

【例 1.2】某人向银行存入 10 000 元的定期存款，存期 3 年，存款利率为 2%，每年计息一次，试问 3 年后该客户能得到多少钱？

解析：已知 $P=10\ 000$, $i=2\%$, $n=3$

$F=10\ 000\times(1+2\%)^3=10\ 612.08$（元）

在复利现值、终值的计算中，计息时间可以是年、月、季度、周或日，当计息周期小于一年或一年计息次数在两次以上（包括两次）时即为周期性复利。这样计算出来的复利现值、终值，就是周期性复利现值、终值。周期性复利现值和终值的函数关系为：

$$F=P\left(1+\frac{i}{m}\right)^{m\times n}$$

上式中，i 为利率，m 为 1 年中计算复利的次数，n 为年数。

（三）年金

1. 年金的概念和分类

年金是在一定时期内，每次等额收入或支出的金额。其也可理解为等额、定期的系列收支，如养老金、保险金、分期付款赊购、分期偿还贷款、计提折旧等。年金按其每次收付款项发生的时点不同，可以分为普通年金（后付年金）、即付年金（先付年金、预付年金）、递延年金（延期年金）、永续年金等类型。

普通年金是指从第一期起在一定时期内每期期末等额收付的系列款项，又称为后付年金、期末年金。即付年金是指从第一期起，在一定时期内每期期初等额收付的系列款项，又称先付年金、期初年金、预付年金。即付年金与普通年金的区别仅在于付款时间的不同。期初付款的是即付年金，期末付款的是普通年金。递延年金是指首次收付款发生的时间与第一期无关，而是隔若干期（m）后才开始发生的等额收付款项。永续年金是指无期限等额收付的年金。年金的期数永久持续时，无限期定额支付的年金，如存本取息。

2. 普通年金的计算

普通年金是指从第一期起在一定时期内每期期末等额收付的系列款项，又称为后付年金、期末年金。普通年金终值是指各期期末等额收入或支出的本例和，也就是将每一期的金额按复利换算到最后一期期末的终值，然后加总，就是该年年金终值。各年或各期期末年金的终值如表 1.1 所示。

表 1.1　各期普通年金终值

第 1 年年末到期末	第 2 年年末到期末	…	第(n - 1) 年年末到期末	第 n 年年末到期末
$A(1+i)^{n-1}$	$A(1+i)^{n-2}$	…	$A(1+i)$	A

期末年金终值= 各期期末年金终值总和

$$= A(1+i)^{n-1} + A(1+i)^{n-2} + \cdots + A(1+i) + A$$

计算可得期末年金终值公式为:

$$F = A\frac{(1+i)^n - 1}{i}$$

上式中, A 为年金, $(1+i)^n - 1/i$ 为期末年金终值系数。

【例 1.3】某人计划 5 年后为子女准备教育经费，假设银行存款利率为 3%，从现在起每年年末存入等额的存款 2 000 元，试问 5 年后这笔教育经费为多少?

解析：已知期末年金求期末年金终值，即 A=2 000，i=3%，n=5

期末年金终值 $F = A\frac{(1+i)^n - 1}{i} = 2\ 000\frac{(1+3\%)^5 - 1}{3\%} = 10\ 618.27$（元）

3. 预付年金的计算

预付年金又称期初年金，是指在每期期初支付的年金。期初年金终值公式为:

$$F = A\frac{(1+i)[(1+i)^n - 1]}{i}$$

上式中, $\frac{(1+i)[(1+i)^n - 1]}{i}$ 称为期初年金本利和系数。

【例 1.4】如果某人在 2015—2018 年，每年年初在银行存款 5 000 元，在年利率为 2%的情况下，该人在 2018 年年末能从银行取到多少钱?

解析：已知期初年金求期初年金终值，即 A=5 000，n=4，i=2%

$$F = A\frac{(1+i)[(1+i)^n - 1]}{i} = 5\ 000 \times \frac{(1+2\%)[(1+2\%)^4 - 1]}{2\%}$$

$$= 210\ 202.20 \text{（元）}$$

【实训内容】

1. 熟悉课程的实验教学平台，熟练操作任务栏下各个实训项目的内容和功能。

2. 根据给出的家庭基本信息，运用生命周期理论和资金时间价值进行理财，设计投资理财规划的基本流程和内容。

3. 掌握采用 Excel 计算资金的时间价值。

【实训步骤】

一、智盛金融实验教学平台

1. 登录投资理财规划教学平台。学生打开 http://120. 25. 130. 17:7020 智盛个人理财教学实训平台，输入账号和密码，完成登录，如图 1. 1 所示。

图 1. 1　投资理财规划教学平台登录页面

2. 进入智盛个人理财教学平台首页，选择页面左边第二项理财综合规划，如图 1. 2 所示。

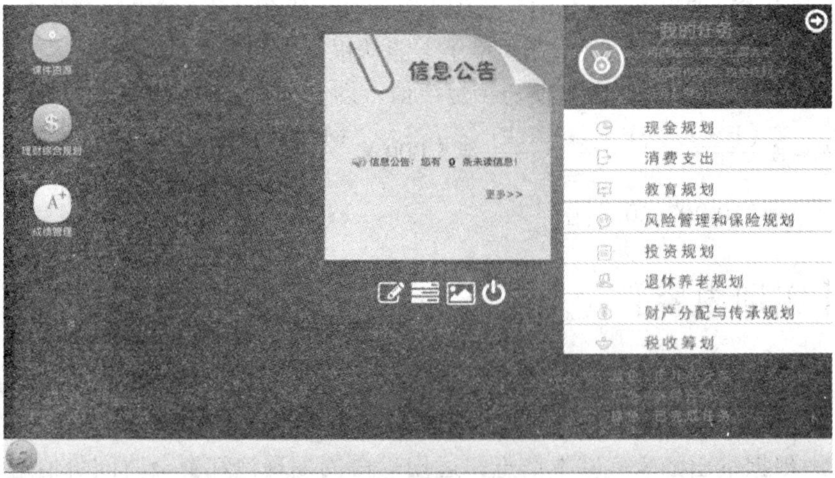

图 1. 2　教学平台首页

3. 学生可以任选一个客户的投资理财内容。根据内容，编写投资理财规划的主要内容和流程，如图 1.3 所示。

图 1.3 理财综合规划

二、用 Excel 计算资金时间价值

1. 运用 Excel 测算终值。张兴希望大学毕业五年后结婚，他自己专门设立了一个单独的账户存结婚基金，预计每年年末存入 30 000 元，预测利率不变，年利率为 10%，则 5 年后张兴的结婚基金有多少钱呢？

运用 Excel 操作，结果如图 1.4 所示：

其中 Rate 为年利率（10%），Nper 为年限（5 年），Pmt 为每年年末存入的钱（30 000 元）。

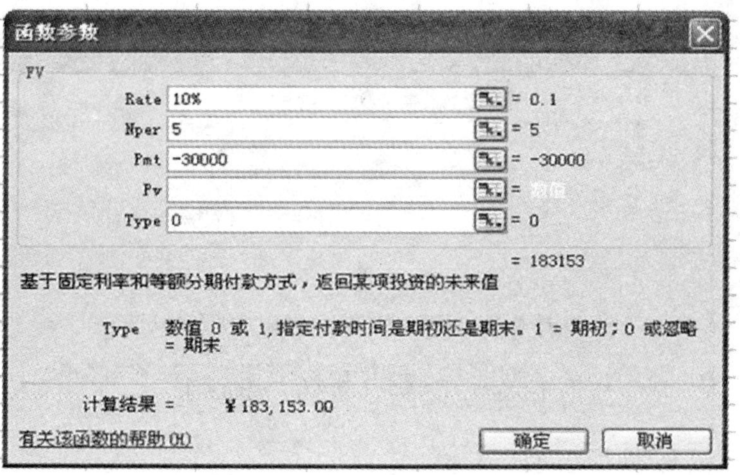

图 1.4 Excel 测算终值

2. 运用 Excel 测算年金。某企业按 12%的年利率取得贷款 20 万元，要求在 5 年内每年年末等额偿还，每年的偿还金额是多少？

运用 Excel 操作，结果如图 1.5 所示。

其中 Rate 为年利率（12%），Nper 为偿还年限（5 年），Pv 为取得的贷款数（200 000 元）。

第一篇 基础实训篇

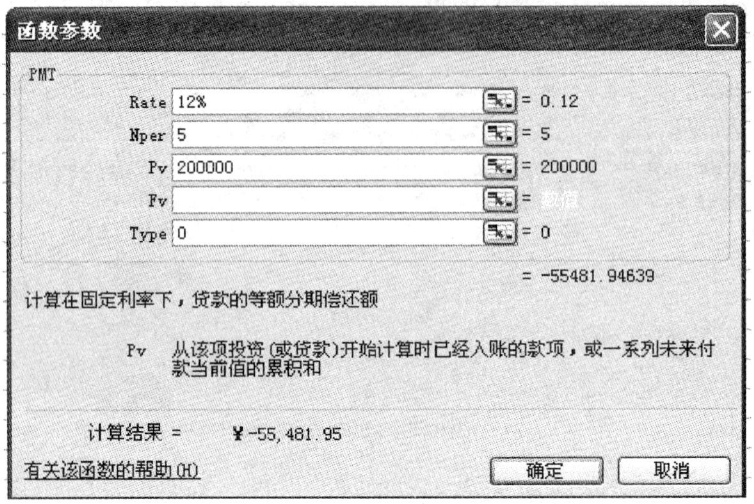

图 1.5　Excel 测算年金

3. 运用 Excel 测算现值。李双刚入大学，计划大学毕业后出国留学，留学资金需要 50 万元，请问如果银行利率为 10%，李双父母现在需要存入银行多少钱，才能在 4 年后得到 50 万元?

运用 Excel 操作，结果如图 1.6 所示。

其中 Rate 为年利率（10%），Nper 为年限（4 年），FV 为四年后获得的钱（500 000 元）。

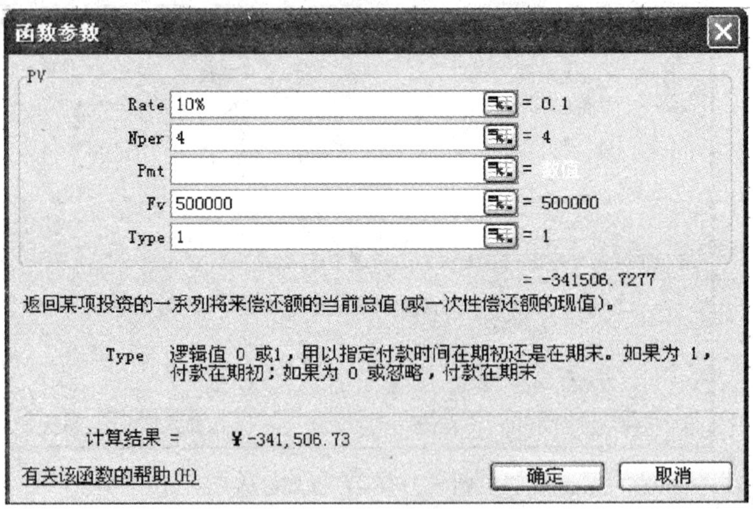

图 1.6　Excel 测算现值

【实训思考】

1. 大学生理财的必要性和意义。

2. 个人财富梦想与人生规划、职业规划密不可分，你对你的职业规划是怎样思考的？你对你的财富梦想是如何规划的？

3. 你常用的理财工具是什么？收益如何？

实训二　家庭财务管理

【实训目的与要求】

1. 掌握家庭财务报表编制原则。
2. 掌握并熟练编制家庭资产负债表。
3. 掌握并熟练编制家庭收支表。
4. 掌握并熟练编制家庭收支储蓄表。
5. 掌握家庭财务比率分析和诊断财务状况。

【实训准备知识】

一、家庭财务管理原则

家庭财务管理类似于企业的财务管理，家庭财务报表类似于企业会计报表。投资理财对家庭财务数据的整理、管理、分析就是借助企业财务管理的方法来进行的。家庭财务管理虽然不受国家法律的监督和约束，但也有规范的管理原则，与企业财务管理原则也有不用之处。

（一）收付实现制

收付实现制又称现金制，是以收入带来的现金“收到”时间和由费用导致的现金“付出”时间为准，来确认收入和费用的一种会计核算基础。为简便起见，家庭收支流量大多采用收付实现制进行记账，区别于企业的权责发生制。

（二）成本价值与市场价值

在家庭财务管理中，特别是在计算家庭资产价值中，存在着大量的非现金资产的记账问题。非现金资产的成本价值以购入时所支付的现金额来计算，而在每个记账基准日计算资产价值时则以结算时点资产的市场价格计算。

（三）流量与存量

家庭资产负债表反映的是某一时点家庭资产和负债的静止量，所以各个项目是存量的概念。家庭现金流量表反映的是一定时期内收入和支出的数量金额，所以各个项目都是流量的概念。

二、家庭资产负债表编制

家庭资产负债表反映家庭在某一时点上的资产和负债的财务报表。表中项目是存量指标，并不反映资产和负债形成的过程，是以月底、季底或年底财务数据进行编制的。如表1.2所示。

编制家庭资产负债表就是确定资产、负债、净资产这三项。资产包括现金、活期存款、股票、基金、债券、保单、房地产、汽车、应收款、预付款等，可分为流动性资产、投资性资产、自用性资产。负债包括信用卡未偿还余额、汽车贷款、房屋贷款、预收款、私人借款，可分为流动性负债、投资性负债、自用性负债。净资产为资产减去负债的余额。

表1.2　家庭资产负债表

资产项目	成本	市价	负债项目	金额	净值项目	成本	市价
现金			信用卡负债				
活期存款							
流动性资产			消费性负债		流动净值		
股票							
基金							
债券							
投资用房产			投资用房贷				
保险							
投资性资产			投资性负债		投资净值		
自用汽车							
自用房屋			自用房贷				
自用性资产			自用性负债		自用净值		
总资产			总负债		总净值		

（一）家庭资产

（1）自用性资产。自用性资产大多以实物形式存在，包括房屋、汽车、家具家电和衣物等。其中自用汽车的市场价值要计提折旧，可以参考二手车价格。这些资产既不能给家庭带来收入，也不易变现，但自用资产是生活中必须用到的，与生活质量有关，自用资产在购置和管理上更关注它的效用即对家庭成员带来的满足感。

（2）流动性资产。流动性资产主要是用于满足家庭日常生活开支需要的资产，主要包括现金和活期存款。现金的占用不能带来收入，活期存款也可以忽略不计。流动性资产的占比不能过大，它能满足家庭日常生活需要，再适当准备些备用金即可。所以在理财时流动资产主要考虑的是生活备用金。

（3）投资性资产。投资性资产是指家庭用于投资的能够给家庭带来收入的资产。这部分资产主要有房产和金融资产。投资性资产是家庭资产中最重要的部分，是个人理财规划中最重要的项目之一，也是实现家庭理财目标的重要资金来源。家庭成员购买的人生意外险、财产保险和医疗险等保险，保单现金价值不高，不必列入资产项目中。但子女教育储蓄年金、终身寿险、养老保险退休年金，特别是投资型保险就有一定的现金价值，通常在投保两年后按年计入投资型资产中。

（二）家庭负债

家庭负债是指家庭成员承担的所有债务。相对于家庭资产来说，家庭负项目是有限的。家庭负债大致可以归纳为流动性负债和投资性负债、自用性负债三类。

（1）流动性负债。流动性负债是指时间较短的，通常在 1~2 个月到期的负债，主要是消费性的，如信用卡消费，应付租金、水电气费、电话费等。

（2）投资性负债。投资性负债是指用于投资，以期产生收益的负债。如投资房产、金融资产等的借款。

（3）自用性负债。自用性负债是满足家庭成员需求而产生的负债，是偿还时间较长的，多年内每月都要支付的负债。如自住商品房按揭贷款消费贷款、汽车贷款、教育贷款等，通常数额大，期限较长。

（三）净资产

净资产是资产减去负债的余额，体现了家庭财富的总水平。如果净资产为负，则说明家庭负债大于资产，即为家庭赤字，这是投资理财中的危险情况，如果有其他意外事件发生，则家庭财力将很难应对。所以应通过投资理财避免这种情况的发生。

（四）财务分析

（1）资产负债率。即总负债与总资产的比值，通常认为 0.5 是安全边界，小于 0.5 则可以避免因资产流动性不足而产生的财务危机。如果比率大于 1，则出现资不抵债，其理财的重心应是尽快增加收入、减少负债。

（2）各类资产占总资产的比重。即自由性资产、流动性资产、投资性资产分别占总资产的比重。投资性资产比重是衡量家庭资产增值能力的重要指标，通常建议大于 50%。流动性资产比重不宜过大，因为流动性资产的增值能力极低，只需预留家庭日常生活费用和备用金即可。

负债比率：总负债比总资产（通常认为 50%是安全边界）。

借贷流动率：消费性负债与流动资产之比。

融资比率：投资性负债与投资性资产之比。

自用贷款成数：自用性负债与自用性资产之比。

流动资产与月收入之比：经验认为保留 3~6 个月非理财收入作为流动性资金。

债务覆盖比率：非理财收入与当期债务偿还额之比（通常认为等于 3 以上比较好）。

三、家庭收支表

家庭收支表是记录家庭一定时间段内的收入和支出的财务报表。它反映了家庭生成现金的能力，为消费、储蓄、投资等决策做出参考。家庭的收入和支出都是以流动性很强的现金或支付宝等形式表现，因此家庭的收入支出表也可看作现金流量表和收益表的整合形式。家庭收支表包括收入、支出、净现金流三个部分。表 1.3 为西部地区某高校某大二学生的月度收支表。

表 1.3　月度收支表

单位：元

收入项目	金额	支出项目		金额
生活费	1 000	分期支付	手机分期	200
余额宝理财收入	50	基本生活开销	伙食费	550
			手机及网费	50
			交通费	40
			水电费	30
总收入	1 050	总支出		870
月净现金流	180			

（一）收入项

收入项包括薪资收入、佣金收入、房租收入、利息收入、变现资产资本利得，以及养老金、捐赠、社会保障等。在确定收入数额时，要采用税前和其他扣除前的数额。根据不同的收入目的，还可以分为工资收入、理财收入、固定收入、不定期收入。

（二）支出项

支出项主要包括生活支出、理财支出、税收支出、偿还债务等。其中，有的支出是相对固定的支出（如房租、交通、住房贷款等），有的支出的数额在不同的时间有较大差距。

（三）净现金流项

净现金流是收入总额减去支出总额的余额，如果净现金流大于零，则代表有现金盈余；如果净现金流小于零，则代表有现金赤字，需要动用储蓄或借款。

（四）家庭收支储蓄表

家庭收支储蓄表（见表 1.4）是在家庭收支表的基础上增加储蓄项，反映了家庭净现金的利用效率。储蓄项可以分为自由储蓄和固定用途储蓄。自由储蓄可以用于实现短期目标、本金提前还款、提高生活质量等；固定用途储蓄用于本金的定期还款和实现长期目标的定额储蓄，也可以按收入项和支出项的分类来归类，分为生活储蓄和理财储蓄。其计算公式为：

生活储蓄=工作收入-生活支出

理财储蓄=理财收入-理财支出

总储蓄=总收入-总支出

自由储蓄=总储蓄-资产增加-负债减少

编制家庭收支储蓄表需要注意：它是一段时期的流量记录，通常按月结算；以现金记账为基础，信用卡在还款时才记支出；已实现资本利得或损失是收入或支出项目。未实现资本利得为期末资产与净值增加的调整项目，不会显示在收支储蓄表中。房贷本息摊还仅利息记支出，归还本金为负债减少；个人所得税列为收入的减项，用于计算可支配收入。

此外，还需特别提醒的是个人与单位所缴的医疗保险费拨入社会统筹医疗基金部分为保障型保费；拨入个人账户部分为限制支配收入与储蓄，个人医疗保险账户余额为资产；个人与单位所缴的基本养老保险费拨入养老保险社会统筹基金部分相当于保障型保费；拨入个人账户部分为限制支配收入与储蓄，个人养老保险账户余额为资产；个人与单位住房公积金缴存全部为限制支配收入与储蓄，住房公积金账户余额为资产。

表 1.4　家庭收支储蓄表

收入项目	金额	支出项目	金额	储蓄项目	金额	储蓄运用	金额
薪资		家计支出				储蓄型保费	
佣金		扶养父母支出					
所得税扣缴		子女学费支出					
工作收入		生活支出		生活储蓄		资产增加	
利息收入		保障型保费				还房贷本金	
资本利得		利息支出					
资本损失							
理财收入		理财支出		理财储蓄		负债减少	
总收入		总支出		总储蓄		自由储蓄额	

（五）财务比率分析

财务比率包括支出比率、消费比率、财务负担比率。

（1）支出比率$=\dfrac{\text{总支出}}{\text{总收入}}$

（2）消费比率$=\dfrac{\text{消费支出}}{\text{总收入}}$

（3）财务负担比率$=\dfrac{\text{理财支出}}{\text{总收入}}$

支出比率反映的是消费支出、理财支出等占总收入的比重。消费率和财务负担率分别表示总收入中用于消费支出和理财支出的比重。消费支出是指衣、食、住、行、医疗等各项消费性支出。在收入稳定的条件下，消费比率越高，消费越多，储蓄越少，未来收入的增长就越慢。所以应提倡合理消费、理性消费。财务负担比率反映的是利息支出、保障型寿险和产险等的保费支出占总收入的比率。这一比率应控制在 30%以下为宜，其中保障型保费支出占总收入的比率应控制在 10%以下，利息支出占总收入的比率应控制在 20%以下较为合理。

【实训内容】

1. 根据给出的家庭基本信息和财务数据，整理家庭财务信息，编制家庭收支表、家庭资产负债表等财务报表。

2. 根据家庭财务报表进行财务比率分析，如资产负债比率、借贷流动率、融资比率、自用性负债与自用性资产之比、流动资产与月收入之比等，诊断家庭财务状况和问题，给出家庭财务现状评价。

【实训步骤】

1. 登录投资理财规划教学平台

学生打开 http://120. 25. 130. 17:7020 智盛个人理财教学实训平台，打开首页界面左边的“理财综合规划”，见图 1.7。

	客户编号	客户名称	英文名称	客户昵称	家庭电话	家庭地址	移动电话	状态	
1	A0000001	张迪香	Joy	Joy	0755-88888888	深圳市南山区科园南路666号	13912345678	已评分	预览
2	A0000002	赵洋洋	Andy	Andy	0898-66666666	海南省海口市美兰区白龙街道999号	13687654321	已评分	预览
3	K0000048	张香	Joy				13812345678	未生成	
4	K0000066	张香	Joy				13812345678	已生成	预览
5	K0000081	王朗						未生成	

图 1.7　个人理财综合规划

2. 选择客户编号 A000001，打开界面左边的家庭基本资料和财务资料，认真读取家庭财务资料。见图 1.8。

图 1.8　个人理财家庭资本资料

3. 读取家庭资产、家庭负债数据，填写家庭资产负债表，并进行财务分析，见图 1.9、图 1.10、图 1.11、图 1.12。

资产类别		资产现值(元)	年增长率(%)
自用资产	1.自用住宅	1500000	2
	2.汽车	130000	-5
	3.电器、家具	20000	-5
	4.运动器材	18000	-7
	5.衣物	5000	-7
	6.其他自用资产	1000	0
	合计	1674000.00	
实物投资资产	7.珠宝首饰	100000	3
	8.投资性房产	890000	3
	9.有收价值的收藏品	50000	2
	10.实物投资资产	30000	4
	合计	1070000.00	

图 1.9　家庭资产表

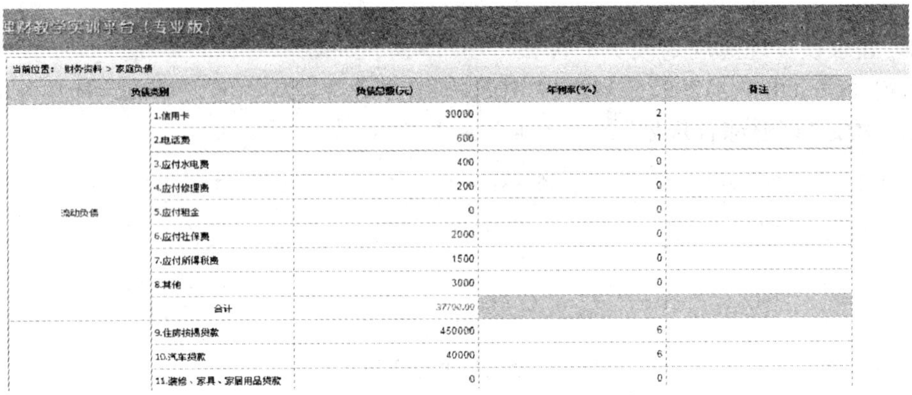

负债类别		负债总额(元)	年利率(%)	备注
流动负债	1.信用卡	30000	2	
	2.电话费	600	1	
	3.应付水电费	400	0	
	4.应付修理费	200	0	
	5.应付租金	0	0	
	6.应付社保费	2000	0	
	7.应付所得税费	1500	0	
	8.其他	3000	0	
	合计	37700.00		
	9.住房按揭贷款	450000	6	
	10.汽车贷款	40000	6	
	11.装修、家具、家居用品贷款	0	0	

图 1.10　家庭负债表

项目		金额(元)	占比(%)
资产	自用资产		
	实物投资资产		
	金融/生息资产		
	企业股权		
	总计		
负债	流动负债		
	长期负债		
	企业负债		
	总计		
净资产			

"1.占比=各项目金额/合计　2.净资产=资产合计-负债合计

图 1.11　资产负债分析表

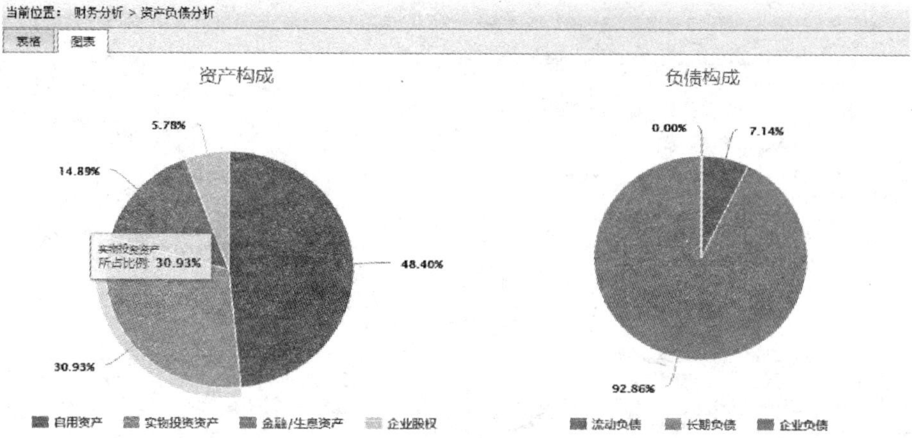

图 1.12　资产负债分析图

4. 读取家庭收入和支出数据，填写家庭收入支出表，并进行财务分析，见图 1.13、图 1.14、图 1.15、图 1.16。

理财教学实训平台（专业版）

当前位置： 财务资料 > 年收入

年收入类别		本人(元)	配偶(元)	合计(元)
工作收入	1.工资、薪金所得	250000	160000	410000.00
	2.劳务报酬所得	20000	0	20000.00
	3.稿酬所得	0	20000	20000.00
	4.个人从事个体工商业生产经营所得	40000	0	40000.00
	5.对企事业单位的承包、经营所得	0	0	0.00
	6.特许权使用费所得	0	0	0.00
	7.其他工作收入	0	0	0.00
	合计	310000.00	180000.00	490000.00
	8.利息、股息、分红所得	22000	0	22000.00
	9.财产转让所得	0	60000	60000.00
	10.财产租赁所得	0	0	0.00

图 1.13　家庭年收入表

理财教学实训平台（专业版）

当前位置： 财务资料 > 年支出

生活开支类型		本人(元)	配偶(元)	合计(元)
消费支出	1.食品	16000	20000	36000.00
	2.服装	8000	17000	25000.00
	3.住房	800	0	800.00
	4.交通	23000	2000	25000.00
	5.教育	10000	10000	20000.00
	6.娱乐、文化	20000	30000	50000.00
	7.医疗	5000	5000	10000.00
	8.交际	10000	6000	16000.00
	9.其他	1000	1000	2000.00
	合计	93600.00	91000.00	184600.00
	10.年还贷支出	10000	0	10000.00
	11.年保费支出	3000	3000	6000.00

图 1.14　家庭年支出表

图 1.15 家庭收入支出分析表

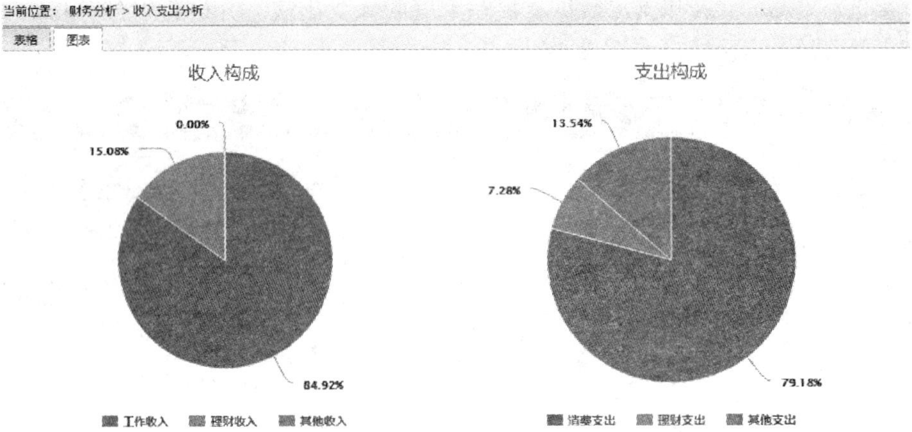

图 1.16 家庭收入、支出构成分析图

5. 综合家庭资产负债表和家庭收入支出表，进行家庭财务比率分析。见图 1.17。

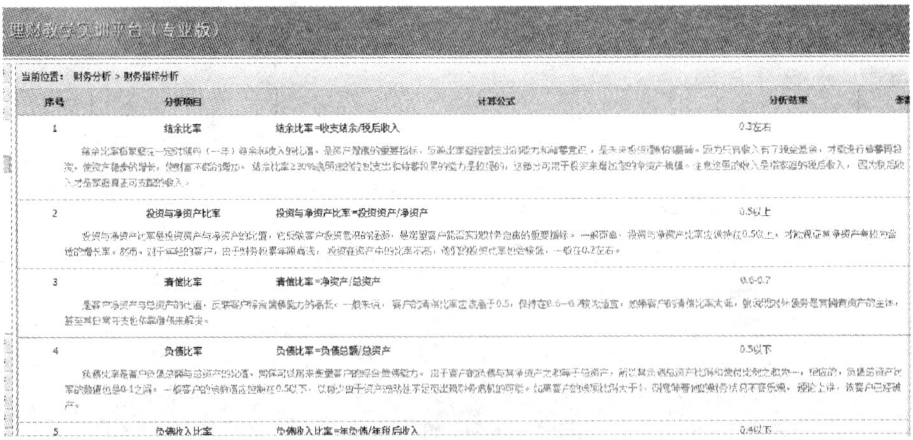

图 1.17 财务比率分析

【实训思考】

1. 根据你自己或家庭的财务状况，编制家庭财务报表，诊断财务问题。

2. 家庭债务指标对家庭财富安全的重要性是什么？对自己的债务类指标进行分析。

3. 连续跟踪自己的月收支情况，编制收支报表和资产负债表，分析自己的财务现状和问题，提出改进建议。

实训三　现金理财与消费规划

【实训目的与要求】

1. 熟悉现金理财工具。
2. 掌握现金需求估算方法。
3. 熟悉存款的种类。
4. 了解银行理财产品。
5. 理解和掌握消费支出规划的目的。
6. 能够分析客户的购房面积需求。
7. 能够理解和掌握购房财务规划的基本方法。
8. 能够理解和掌握制定汽车消费方案。
9. 能够理解和掌握制定消费信贷方案。

【实训准备知识】

一、现金理财的含义和基本内容

现金规划是为满足个人或家庭短期需求而对日常的现金、现金等价物及短期融资活动进行的管理。现金规划中所指的现金等价物是指流动性比较强的活期储蓄、各类银行存款和货币市场基金等金融资产。

现金理财的基本内容是对家庭日常的现金及现金等价物的支配和管理，以保证家庭有足够的资金来满足日常生活和工作的需要。其核心是满足个人的短期资金需求。现金理财的原则可归纳为，短期问题用现金解决，预期问题用短期储蓄、短期投资、融资（尽量少用）等现金等价物解决。

（一）现金需求分析

1. 现金理财需要考虑的因素

（1）对金融资产流动性的要求

①交易动机。个人或家庭通过现金及现金等价物进行正常的交易活动。

②谨慎动机或预防动机。个人或家庭成员为应对可能发生的事故、失业、疾

病等意外事件而需要提前预留一定数量的现金及现金等价物。

③投机动机。个人或家庭为现金资产保值增值或是为获取报酬而购买的短期、风险低、易变现的金融产品。

（2）持有现金或现金等价物的机会成本

金融资产的流动性与收益率呈反向关系，现金及现金等价物的流动性较强，其收益率相对较低。

2. 流动性比率

流动性比率是流动资产与月支出的比值，反映客户支出能力的强弱。资产流动性是指资产在保持价值不受损失的前提下变现的能力。通常情况下，流动性比率应保持在3左右。其计算公式如下：

$$流动性比率=\frac{流动性资产}{每月支出}$$

3. 现金理财中现金的用途

个人或家庭的现金资产主要有三种用途：满足日常生活所需，预防意外发生的支出，投机支出之需。

（1）日常生活所需。在没有领到工资前，需要用自己持有的现金支付一段时间的生活费。一般提前准备一两个月的日常生活费比较安全。

（2）预防意外支出。当收入突然减少、中断或支出突然骤增时，就需要一笔紧急备用金来应付财务困境。因为房产等固定资产无法在短期内转化为可以使用的现金，而股票等证券资产如果临时变现，可能会蒙受很大的损失。紧急备用金主要是为应对失业导致的工作中断和应对意外伤害或疾病导致的暂时停止工作做准备。

失业后能否顺利找到工作，取决于当时的经济景气状况和自身的调整弹性。职场经济景气时3个月内要找到类似薪资的工作不难，职场经济不景气时除非降低收入要求，否则一年半载找不到工作是常事。一般为应对失业风险，准备的财富应该足够3个月的开支；如果考虑在失业后要寻找好的工作，则需要更长时间，可能需要准备3~6个月的开支。

人的一生中难免会遇到一些意外伤害或疾病，它们可能会导致短期内无法工作，为维持个人和家庭的正常运转，需要事先准备3~6个月的生活费用，因为一般的疾病和伤害在3~6个月都可以治愈和恢复。

（3）投机支出。为了实现财务自由的理财目标，需要适当减少当前消费，将收入尽可能积累下来用以投资，这部分资金在投资之前要先以现金类资产的形式存放，数量越多越好。

4. 影响现金需求的因素

（1）风险偏好程度。风险偏好低的家庭，可以预留较多的现金；反之，则应预留较少的现金。

（2）持有现金的机会成本。有些家庭有较好的理财渠道，持有现金所放弃的机会成本较高，则可以少预留一些现金。

（3）现金收入来源及稳定性。家庭中工作人数较多，工作稳定性佳，有其他收益并较稳定，如房屋租金等，则可以少预留现金。

（4）现金支出渠道及稳定性。如果家庭开支稳定，意外大项支出较少，也可以少留现金。

（5）非现金资产的流动性。如果一个家庭除了现金外，其余大多是房产或实业投资等变现周期长、变现价格不确定性高等、流动性差的资产，则需要多留一些现金。

上述影响因素可以采取现金流量分析来掌握现金收支的情况，通常用编制家庭收支表或现金流量表来实现的。

（二）现金理财常用工具

1. 现金

现金是现金规划的重要工具。其特点是流动性强，收益率低，最易完成支付和交易。

2. 储蓄产品

（1）活期存款

活期存款是指不规定存款期限，个人可以随时存取的存款。个人凭存折或银行卡及预留密码可在银行营业时间内通过银行柜面或通过银行自助设备随时存取现金。在现实生活中，活期存款通常 1 元起存，部分银行的客户可凭存折或银行卡在全国各网点通存通兑。

①计息金额

存款额的计息起点为元，元以下角分不计利息。利息金额算至分位，分以下尾数四舍五入。分段计息算至厘位，合计利息后分以下四舍五入。除活期存款在每季结息日将利息计入本金作为下季的本金计算复利外，其他存款不论存期多长，一律不计复利。

②计息时间

从 2005 年 9 月 21 日起，我国对活期存款实行按季度结息，每季度末月的 20 日为结息日，次日付息。

（2）定期存款

定期存款是个人事先约定偿还期的存款，其利率视期限长短而定。根据不同的存取方式，定期存款分为四种，如表 1.5 所示。其中，整存整取最为常见，是定期存款的典型代表。

表 1.5　定期存款种类

存款种类	存款方式	取款方式	起存金额	存取期类别	特点
整存整取	整笔存入	到期一次支取本息	50 元	3 个月、6 个月、1 年、2 年、3 年、5 年	长期闲置资金
零存整取	每月存入固定金额	到期一次支取本息	5 元	1 年、3 年、5 年	利率低于整取定期存款，高于活期存款

表1.5(续)

存款种类	存款方式	取款方式	起存金额	存取期类别	特点
整存零取	整笔存入	固定期限分期支取	1 000 元	存款期分为 1 年、3 年、5 年；支取期分为 1 个月、3 个月或半年 1 次	本金可全部提前支取，不可部分提前支取。利息高于活期存款
存本取息	整笔存入	约定取息期到期一次性支取本金、分期支取利息	5 000 元	存款期分为 1 年、3 年、5 年；可以 1 个月或几个月取息 1 次	本金可全部提前支取，不可部分提前支取。取息日未到不得提前支取利息，取息日未取息，以后可随时取息，但不计复利

①定期存款利率

定期存款利率视期限长短而定。通常，期限越长，利率越高。如果储户在存款到期前要求提前支取，必须持存单和存款人的自身证明办理，并按支取日挂牌公告的活期存款利率计付利息。

②到期支取的定期存款计息

到期支取的定期存款按约定期限和约定利率计付利息。

【例 1.5】某客户在 2017 年 1 月 8 日存入一笔 10 000 元的一年期整存整取定期存款，假定年利率为 2.00%，一年后存款到期时，他从银行取回的全部金额是多少？

本利和 = 10 000×（1+2.00%）= 10 200（元）

③逾期支取的定期存款计息

超过原定存期的部分，除约定自动转存外，按支取日挂牌公告的活期存款利率计付利息，并全部计入本金。

【例 1.6】某客户 2016 年 3 月 1 日存入 10 000 元，定期整存整取六个月，假定年利率为 2.00%，到期日为 2016 年 9 月 1 日，支取日为 2016 年 12 月 1 日。假定 2016 年 12 月 1 日，活期储蓄存款利率为 0.30%。

到期日本利和 = 10 000×（1+2.00%×0.5）= 10 100（元）

支取日本利和 = 10 100×（1+0.30%×$\frac{90}{360}$）≈10 107.58（元）

④提前支取的定期存款计息

支取部分按活期存款利率计付利息，提前支取部分的利息同本金一并支取。

⑤存期内遇有利率调整，仍按存单开户日挂牌公告的相应定期存款利率计息。

（3）定活两便储蓄

定活两便储蓄是指储户一次性存入本金，但不确定存期，根据自己的实际需要，可随时支取本息的一种定活两便的储蓄账户。定活两便存款 50 元起存。存期不满 3 个月的，按天数计付活期利息；存期 3 个月以上（含 3 个月），不满半年的，整个存期按支取日定期整存整取 3 个月存款利率打 6 折计息；存期半年以上

（含半年），不满一年的，整个存期按支取日定期整存整取半年期存款利率打 6 折计息；存期在一年以上（含一年），无论存期多长，整个存期一律按支取日定期整存整取一年期存款利率打 6 折计息。打折后低于活期存款利率时，按活期存款利率计息。

3. 货币市场基金

货币市场基金是指投资于货币市场上的短期的有价证券的一种基金。该基金资产主要投资于短期货币工具如国库券、商业票据、银行定期存单、政府短期债券、企业债券等短期有价证券。

（四）现金理财方法

常用的现金理财方法有：①建立较高的现金头寸，获得流动性，但牺牲一些收益；②现金预留较少，如有需要，则通过变现其他类资产来获取现金。无论采取何种策略，每个家庭都应至少预留够 3～6 个月使用的现金以应付日常生活开支。

个人应在考虑流动性要求和机会成本，并综合分析个人财务状况的基础上，合理确定现金比率。现金比率指的是现金等价物与月支出的比值，它可以反映个人支出能力的强弱。一般情况下，现金比率保持在 3～5 比较合适。如果家庭收入支出均比较稳定，流动性比率低一点有助于降低资金的机会成本；对于收入或支出波动较大的个人或家庭，一般建议维持较高的流动性比率，但一定不要超过 10 以免机会成本过高。

【例 1.7】家庭基本信息：丈夫 31 岁，私营老板，年收入约 30 万元，无任何保险。妻子 28 岁，公司职员，月薪 3 000 元左右，有社保，公积金 300 元/月。支出：家庭日常支出每月 8 000 元（包括每月孩子花费 1 000 元、每月车费 1 000 元），家庭旅游一年 12 000 元。资产状况：现金 1 万元，银行活期存款 50 万元，一年定期存款 10 万元，3 年定期存款 10 万元，股票 15 万元，房产市值 80 万元，轿车一辆 19. 8 万元，无负债。

以下是对该家庭的现金需求进行的分析和对现金拟订的理财方案。你认为这样的分析和方案是否合理？请给出理由。如果请你来为该家庭的现金需求进行分析和制定理财方案，你会怎么做？

①家庭生活费用支出

家庭每月支出共计 8 000 元，家庭一年的消费支出现金共计 10 万元左右，这一部分资金拟采用组合存款的方式，以满足家庭每个月的现金支出，保证现金较强的流动性。在存款方式上拟选择一套 1. 2 万元现金、2. 2 万元活期存款、3 万元三个月定期存款、3 万元六个月定期存款相组合的方式。

原因：1. 2 万元现金、2. 2 万元活期存款，可以满足家庭 3 个月的消费支出，配以 3 个月、6 个月的定期，保证了家庭现金流的连续，使其银行存款合理的运转起来。在满足了基本的家庭消费支出后，还需建立一个家庭紧急备用金账户。

②家庭应急准备金

第一，家庭紧急备用金预留 3 万元，采用货币市场基金形式，经过分析拟选择某基金公司的货币市场基金。家庭在急需用资金的时候，可以通过赎回很快变现。

第二，单独设立妻子工资账户，每月 3 000 元，每年 36 000 元，作为家庭紧急备用金的补充。

第三，为了使应急备用金部分更为完善，拟办理一张银行信用卡，将每月的透支额度限定为 5 000 元。

二、消费支出理财

（一）消费支出理财的概念

消费支出理财主要是基于一定的财务资源下，对家庭消费水平和消费结构进行规划，以达到适度消费、稳步提高生活质量的目标。

家庭消费支出理财主要包括住房消费理财、汽车消费理财、子女教育消费理财以及信用卡理财等。影响家庭财富增长的重要原则是“开源节流”，在收入一定的情况下，如何做好消费支出规划对一个家庭整个财务状况具有重要的影响。

（二）消费支出理财的目的

家庭消费支出规划的目的要合理安排消费资金，树立正确的消费观念，节省成本，保持稳健的财务状况。家庭消费支出规划是理财业务不可或缺的内容，如果消费支出缺乏计划或者消费计划不得当，家庭很可能支付过高的消费成本，严重者甚至会导致家庭出现财务危机。家庭消费支出包括住房支出、汽车消费支出、信用卡消费支出等内容。

（三）住房支出的分类

住房支出可以按支出的目的分为消费住房和投资住房。消费住房可以理解为自主性住房，主要是满足个人或家庭住房需求，可以选择购买房产或租赁房屋。而投资住房是把房产看成投资工具，以获取房产租金或收益，主要用途是出租或是房价上涨后卖出获得投资收益。

（四）购房财务规划的基本方法

购房财务规划的基本方法包括以储蓄及交费能力估算负担得起的房屋总价。

（1）可负担首付款=目前净资产在未来买房时的终值+以目前年收入为年金在未来购房时的年金终值×年收入中可负担首付比例的上限；

（2）可负担房贷=以未来购房时年收入为年金的年金现值×年收入中可负担贷款的比率上限；

（3）可负担房屋总价=可负担首付款+可负担房贷；

（4）可负担房屋单价=可负担房屋总价/需求平方米数。

（五）住房贷款

个人住房贷款，是个人贷款最主要的组成部分，是指向借款人发放的用于购买、建造和大修理各类型住房的贷款。个人住房贷款期限一般最长不超过 30 年。

个人住房贷款主要包括如下几类：

（1）个人住房按揭贷款，是银行向自然人为购买、建造和大修各类型住房而发放的贷款。

（2）二手房贷款，是银行向自然人在二级市场购买各类型再次交易的住房而发放的银行自营性的贷款。

（3）公积金个人住房贷款，是按时足额缴存住房公积金的个人在购买、建造各类型住房时，银行受住房公积金管理中心委托向借款人提供的个人住房委托贷款。

④个人住房转让贷款，也称转按揭贷款，是指银行向在住房二级市场上购买同一银行个人住房贷款客户出售的住房（含商业用房）的自然人发放的贷款。

（六）住房贷款还款方式和还款金额计算

住房贷款的还款方式有等额本息还款法与等额本金还款法。这两种还款方法在办理贷款时由贷款人自行选择，一般银行默认的是等额本息还款法。我们可以从它们的计算公式和结果中了解二者的不同。

等额本息法是指在贷款期限内每月以相等的金额平均偿还贷款本金和利息的还款方法。其公式为：

$$每月还款额=\frac{贷款本金\times 月利率\times(1+月利率)^{还款期数}}{(1+月利率)^{还款期数}-1}$$

等额本金还款法是指在贷款期限内按月偿还贷款利息和本金，其中每月所还本金相等。其公式为：

$$每月还款额=\frac{贷款本金}{还款期数}+(贷款本金-累计已还本金)\times 月利率$$

【例 1.8】李先生购买一套住房，首付款是 20 万元，其余 50 万元的价款用分期付款的方式还清，时间是 10 年，按照等额本息（金）的方法每月还款，年利率为 3.6%。请问唐先生每月应该还款额度是多少？

根据题意，计算如下：

$$每月还款额=\frac{500\ 000\times(3.6\%\div 12)\times(1+3.6\%\div 12)^{10\times 12}}{(1+3.6\%\div 12)^{10\times 12}-1}=4\ 967.41（元）$$

（七）制定汽车消费方案

1. 汽车消费概述

汽车产业是中国经济发展的一大支柱产业，在住房需求得到基本满足后，消费热点必然转移到汽车上。2000—2010 年，中国轿车的需求保持 20%以上的年增长率，其中私家车保持 30%以上的增长水平。

一般而言，购车应缴纳的费用如下（以 10 万元车为例）：

（1）保险费 3 000~4 000 元，甚至 6 000 元以上；养路费约为 1 320 元；车船使用费 200 元；养护费 800 元。

（2）变动费用包括汽油费、停车费、路桥费等。所有这些费用总计可以达到

15 000~20 000 元，几乎占到购车款的 15%~20%。并且这些费用中的大部分是要每年必交的。

2. 自筹经费购车与贷款购车决策

银行大都规定，贷款买车人必须购买指定经销商的汽车，并提供银行认可的财产抵押、质押或第三方保证。个人汽车消费贷款的年限是 3~5 年，汽车消费用贷款的首期付款不得低于所购车辆价格的 20%。如贷款 12 万元，期限 5 年，按年利 5. 85%计算，月还贷 2 311. 58 元，5 年支付利息 18 694. 8 元。假设投资年收益率为 3. 49%的国债，5 年后收益 20 940 元。

3. 汽车消费信贷

（1）贷款对象和条件

①必须具备完全民事行为能力；

②具有稳定的职业和偿还本息的能力，信用良好；

③能提供有效抵押物或质物，或有足够代偿能力的个人或单位作保证人；

④能支付购车首期款项。

（2）贷款期限、利率和金额

①贷款期限：一般为 3 年，最长不超过 5 年；

②贷款利率：1 年，5. 58%；3 年，5. 76%；5 年，5. 85%；

③贷款金额：以质押方式首付不少于车款的 20%；以抵押方式首付不少于 30%；以保证方式首付不少于 40%。

（3）还款方式及案例分析

①等额本息和等额本金；

②按月还款和按季还款；

③递增法和递减法；

④智慧型还款。

【例 1.9】购买一辆 10 万元的汽车，计算贷款购车费用，如表 1.6 所示。

表 1.6 贷款购车费用 单位：元

	计算公式	选项	金额
购车车价			100 000
首付款	现款购车价格× 30%		30 000
贷款额	现款购车价格——首付款		70 000
月付款		还款期限 2 年	3 094
车辆保险费	240+车价×1. 2%	车损保费	1 440
	限额 5 万元三者责任险	第三者责任险	1 040
	车价× 1. 1%	全车盗抢险	1 100
	（赔偿限额+车损险）×20%	不计免赔	496
担保费	欠车款× 2%	2 年	1 400
购置附加费	购车款× 10%		10 000

表1.6(续)

	计算公式	选项	金额
公证费	100~300 元		100
停车泊位费	小区内每年 1 500 元	租车位	1 500
车船使用税	每年 200 元		200
养路费	轿车（110 × 12）		1 320
上牌费			154
验车费			63
费用总计	贷款车款=首付款+月付款×贷款年限	贷款购车款	104 277
	首期付款总额=首付款+保险费用+牌证费用	首期付款总额	50 196

三、其他消费信贷

（一）信用卡信贷

1. 信用卡、准贷记卡和借记卡的比较

（1）信用卡：可以免息透支，可在国外透支，回国后用人民币结算；支取现金付手续费 1%~3%。

（2）准贷记卡：透支要付利息，支取现金不付手续费。

（3）借记卡：不能透支，支取现金不付手续费。

以上三卡共同的特点是刷卡消费不付任何手续费。

2. 信用卡及其特点

信用卡是指由商业银行或非银行发卡机构向其客户提供具有消费信用、转账结算、存取现金等功能的信用支付工具（在我国目前尚不允许非银行发卡机构发行信用卡）。持卡人可依据发卡机构给予的消费信贷额度，凭卡在特约商户直接消费或者在其指定的机构、地点存取款或转账，在规定的时间内向发卡机构偿还消费贷款本息。

按是否向发卡银行提交存备金，信用卡还分为准贷记卡和贷记卡两类。贷记卡是指发卡银行给予持卡人一定的信用额度，持卡人可在信用额度内先使用、后还款的信用卡。准贷记卡是指持卡人须先按发卡银行的要求交存一定金额的备用金，当备用金账户余额不足支付时，可在发卡银行规定的信用额度内透支的信用卡。

信用卡消费信贷具有的特点：

（1）循环信用额度。在我国，发卡银行一般给予持卡人 20~56 天的免息期，持卡人的信用额度最高一般是 5 万元人民币，双币卡还具备一定外币额度。

（2）具有无抵押无担保贷款性质。

（3）一般有最低还款额要求。我国银行规定的最低还款额一般是应还金额的 10%。

（4）通常是短期、小额、无指定用途的信用。

（5）信用卡除具有信用借款外，还有存取现金、转账、支付结算、代收代付、通存通兑、额度提现、网上购物等功能。

（二）个人耐用消费品信贷

个人耐用消费品信贷对象是具有当地户口，有稳定职业、收入和固定住所，年龄在 20~55 岁之间，无不良信用记录，具有完全民事能力的自然人。

个人大额耐用品指的是单价在 3 000 元以上、正常使用寿命在 2 年以上的家庭耐用商品，如家用电器、电脑、家具、健身器材、卫生洁具等。这种个人综合消费贷款的期限分为 6 个月、1 年、2 年、3 年四个档次。

【实训内容】

1. 收集现金理财和消费支出理财的财务信息。

2. 在编制家庭资产负债表和现金流量表的基础上，根据家庭投资理财规划，设计现金理财规划，合理应用现金理财工具，保证合理的流动性比率。

3. 根据家庭现金理财规划和财务报表的信息，估算家庭住房可承受的贷款总额、首付金额、按揭年限、还款方式。根据家庭理财规划，设计住房消费信贷规划，合理选择消费信贷的总额和还款方式。

【实训步骤】

一、现金理财

1. 登录投资理财规划教学平台。学生打开 http://120.25.130.17:7020 智盛个人理财教学实训平台，选择现金规划。见图 1.18。

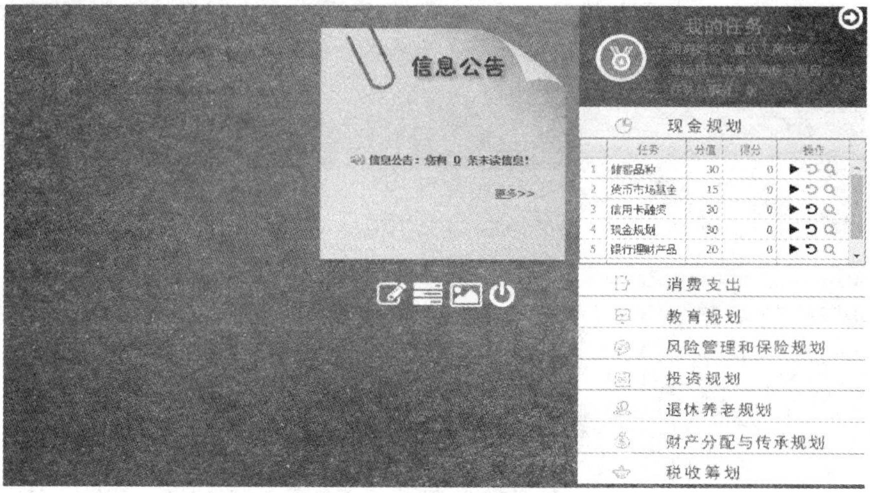

图 1.18　现金规划任务

2. 阅读实验背景资料，通过编制家庭财务报表，整理和分析该家庭的财务信息。见图 1.19。

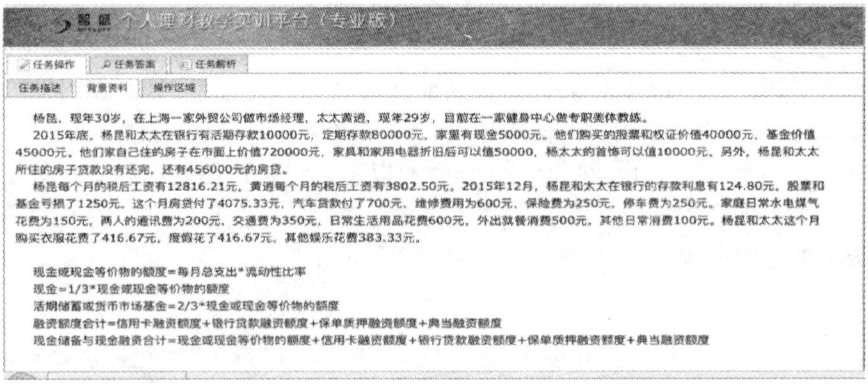

图 1.19　家庭背景资料

3. 按照实验任务的描述和要求，完成对该家庭的现金理财规划。见图 1.20。

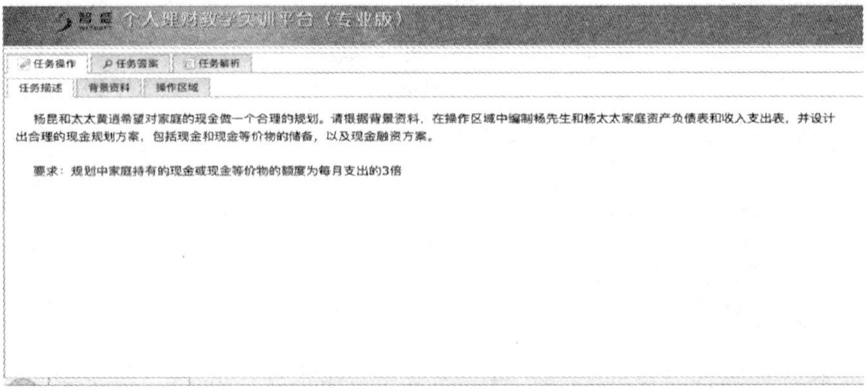

图 1.20　现金规划任务

4. 按照实验平台的要求，在实验操作区域完成现金理财规划的制定。见图 1.21。

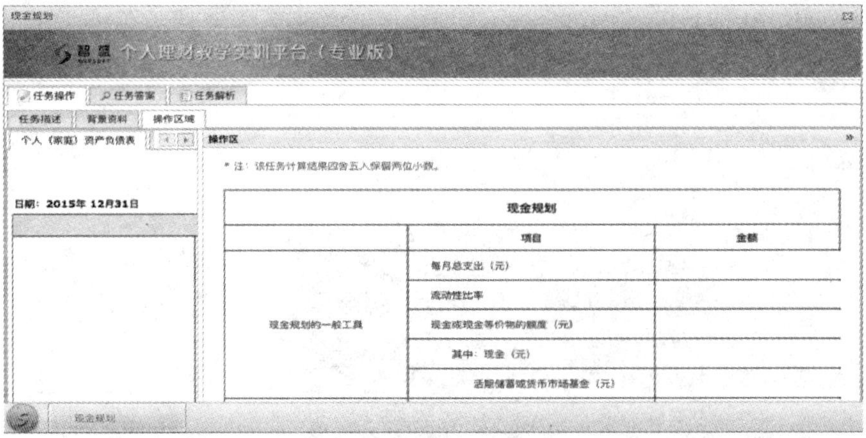

图 1.21　现金在规划操作区

二、消费支出理财

1. 登录投资理财规划教学平台。学生打开 http://120.25.130.17:7020 智盛个人理财教学实训平台，选择消费支出规划—购房财务规划。见图 1.22。

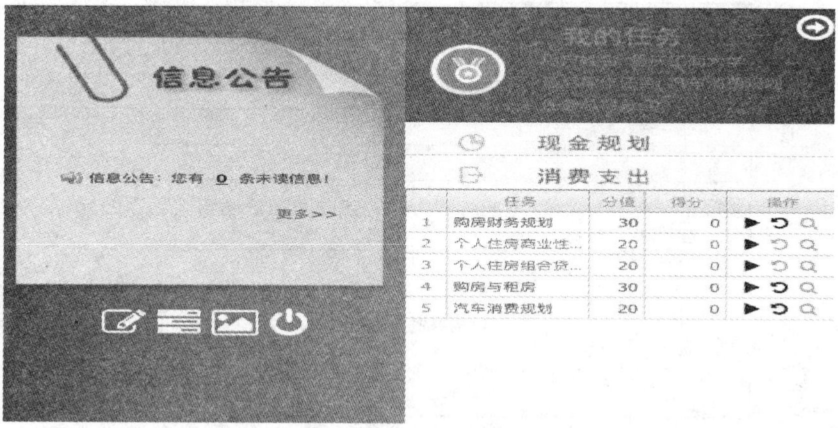

图 1.22 消费支出规划任务表

2. 阅读实验任务描述和操作区域的购房数据详情。见图 1.23、图 1.24。

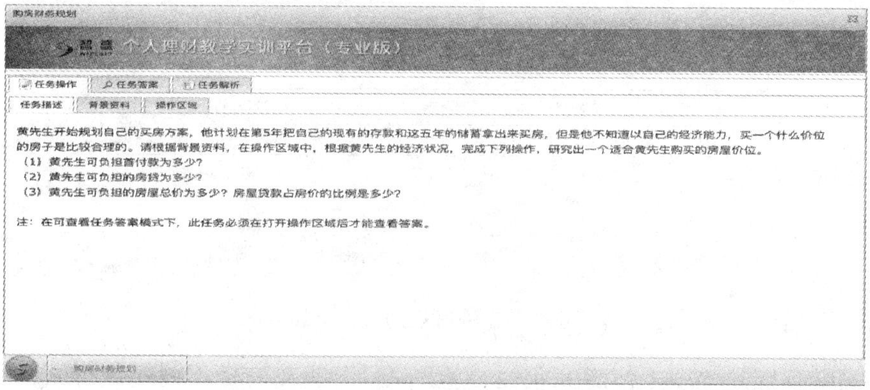

图 1.23 购房规划任务描述

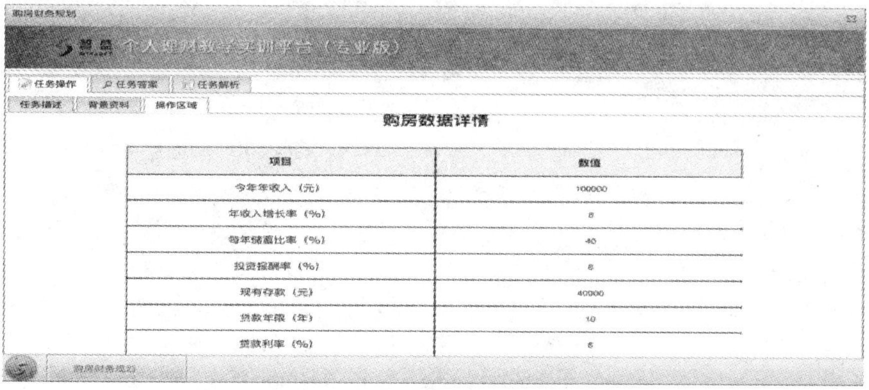

购房数据详情

项目	数值
今年年收入（元）	100000
年收入增长率（%）	8
每年储蓄比率（%）	40
投资报酬率（%）	8
现有存款（元）	40000
贷款年限（年）	10
贷款利率（%）	6

图 1.24 购房规划数据详情

3. 按照实验知识准备中的购房财务规划的计算公式，测算可负担首付金额、可负担贷款，并填入操作区域的表格中。见图 1.25。

可负担的首付明细

单位：元

年度	年收入	年储蓄	储蓄部分在购房时的终值
0	---		
1			
2			
3			
4			
5			
终值总计			

可负担的贷款部分

单位：元

项目	结果
未来购房时（第六年）年收入中可负担贷款的部分	
可负担的贷款部分（未来还贷款 10 年年收入中可负担贷款现值合计）	

房屋总价与比率

项目	结果
可负担的房屋总价（元）	
房屋贷款额占房屋总价的比率（%）	
此贷款计划是否合理	◯合理 ◯不合理

图 1.25　购房规划操作区域

4. 继续打开“个人住房商业性贷款”，运用消费信贷不同还款方式的公式，选择正确的还款方式，计算还款金额。见图 1.26。

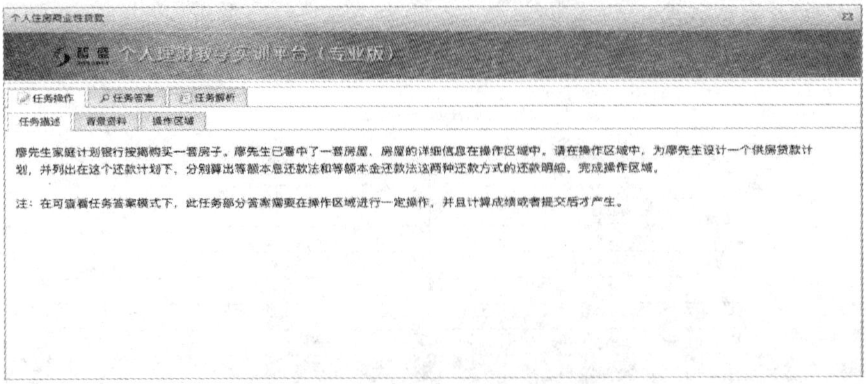

图 1.26　个人住房商业贷款规划描述

5. 在操作区域获取购房数据。见图 1.27。

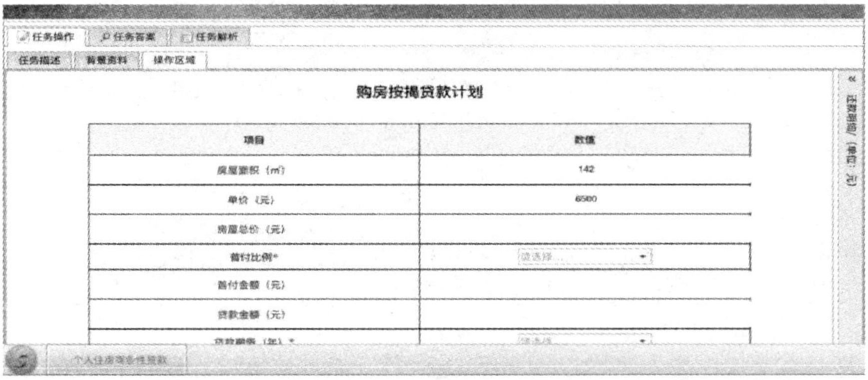

图 1.27　购房按揭计划

6. 在操作区域完成不同还款方式每月按揭款的计算，并比较两种还款方式的优劣势。见图 1.28。

图 1.28　按揭还款方式比较

【实训思考】

1. 谈谈你对投资理财过程中流动性管理的重要性的理解。

2. 银行储蓄与银行理财产品的区别。

3. 你使用过余额宝、蚂蚁花呗等互联网金融工具吗？与银行储蓄相比，它们的优点和缺点是什么？

4. 你的家庭的住房消费信贷的还款方式是哪一种？等额本金和等额本息还款方式的优点和缺点是什么？

5. 你愿意使用信用卡或分期支付购买电脑吗？为什么？

第二篇

模拟实训篇

实训四　金融工具模拟投资

【实训目的与要求】

1. 理解和掌握各种金融投资工具的基本内涵、投资特点。
2. 运用金融投资交易系统，熟练掌握和运用金融投资工具。
3. 理解和掌握各种金融投资工具对投资理财的重要性。
4. 掌握宏观经济分析与金融投资的关系。
5. 理解和掌握现金流贴现模型。
6. 理解和掌握股票定价的零增长模型。
7. 理解和掌握股票定价的不变增长模型。
8. 理解和掌握股票定价的可变增长模型。
9. 理解和掌握影响股票投资价值的内部因素。
10. 理解和掌握影响股票投资价值的外部因素。
11. 熟练掌握和运用股票的基本分析方法和技巧。
12. 熟练掌握债券估值和投资分析的基本方法和技巧。
13. 熟练掌握基金估值和投资分析的基本方法和技巧。
14. 熟练掌握和运用股票技术分析方法，并对股票进行投资分析。
15. 能够熟练运用证券分析系统对金融投资理财进行综合分析。
16. 在教师的指导下独立完成实验，得出正确的结果，并完成实验报告。

【实训准备知识】

一、股票及股票投资

（一）股票的内涵

股票是一种有价证券，是股份有限公司签发的证明股东所持有股份的凭证。《中华人民共和国公司法》规定，股票采用纸质形式或者国务院证券监督管理机构规定的其他形式。股票应载明的事项主要有：公司名称、公司成立的日期、股票种类、票面金额及代表的股份数、股票的编号。股票由法定代表人签名，公司盖章。发起人的股票，应当标明“发起人股票”字样。

（二）股票的特征

1. 收益性

收益性是股票最基本的特征，是指股票可以为持有人带来收益的特性。股票收益来源可分成两类：一是来自发行股票的公司，其收益大小取决于公司的经营状况和盈利水平。二是来自股票流通，其收益大小是买卖股票的价差，又称资本得利。

2. 风险性

风险性是指持有股票可能产生经济利益损失的特征。股票的风险性是与股票的收益性相对应的。认购了股票，投资者既有可能获取较高的投资收益，同时也要承担较大的投资风险。

3. 流动性

判断流动性强弱的三个方面：市场深度、报价紧密度、价格弹性（恢复能力）。需要注意的是，由于股票的转让可能受各种条件或法律法规的限制，因此，并非所有股票都具有相同的流动性。通常情况下，大盘股流动性强于小盘股，上市公司股票的流动性强于非上市公司股票，而上市公司股票又可能因市场或监管原因而受到转让限制，从而具有不同程度的流动性。

4. 永久性

永久性是指股票所载有权利的有效性是始终不变的，因为它是一种无期限的法律凭证。股票是一种无期限的法律凭证，它反映着股东与公司之间比较稳定的经济关系；同时，投资者购买了股票就不能退股，股票的有效存在又是与公司的存续期相联系的。

5. 参与性

股票的持有者即是发行股票的公司的股东，有权出席股东大会、选举公司的董事会、参与公司的经营决策。股票持有者的投资意志和享有的经济利益，通常是通过行使股东参与权而实现的。股东参与公司经营决策的权利大小，取决于其所持有的股份的多少。

（三）与股票相关的部分概念

1. 股利政策

股利政策是指股份公司对公司经营获得的盈余公积和应付利润采取现金分红或派息、发放红股等方式回馈股东的制度与政策。股利政策体现了公司的发展战略和经营思路。稳定可预测的股利政策有利于股东利益最大化，是股份公司稳健经营的重要指标。获取经常性收入是投资者购买股票的重要原因之一，分红派息是股票投资者收入的主要来源。从理论上说，不管公司盈利前景如何看好，如果一家上市公司永远不分红，则它的股票将毫无价值。

（1）派现。派现也称现金股利，是指股份公司以现金分红方式将盈余公积和当期应付利润的部分或全部发放给股东，股东为此应支付所得税。我国对个人投资者获取上市公司现金分红使用的利息税率为20%，目前减半征收。机构投资者由于本身需要缴纳所得税，为避免双重税负，在获取现金分红时不需要缴税。现金股利的发放致使公司的资产和股东权益减少同等数额，导致企业现金流出，是真正的股利。稳定的现金股利政策对公司现金流管理有较高的要求，通常将那些经营业绩较好，具有稳定且较高的现金股利支付的公司股票称为蓝筹股。

（2）送股。送股也称股票股利，是指股份公司对原有股东采取无偿派发股票的行为。送股时，将上市公司的留存收益转入股本账户，留存收益包括盈余公积和未分配利润，现在的上市公司一般只将未分配利润部分送股。送股实质上是留存利润的凝固化和资本化，表面上看，送股后，股东持有的股份数量因此而增长，其实股东在公司里占有的权益份额和价值均无变化。投资者获上市公司送股时也需缴纳所得税（目前10%）。

（3）资本公积金转增股本。资本公积金是在公司的生产经营之外，由资本、资产本身及其他原因形成的股东权益收入。股份公司的资本公积金，主要来源于股票发行的溢价收入、接受的赠予、资产增值、因合并而接受其他公司资产净额等。其中，股票发行溢价是上市公司最常见、最主要的资本公积金来源。资本公积金转增股本是在股东权益内部，把公积金转到“实收资本”或者“股本”账户，并按照投资者所说持有公司的股份额比例分到各个投资者的账户中，以此增加每个投资者的投资资本。资本公积金转增股本同样会增加投资者持有的股份数量，但实质上，它不属于利润分配行为，因此投资者无须纳税。

（4）四个重要日期。股利宣布日，即公司董事会将分红派息的消息公布于众的时间。股权登记日，即统计并确认有权参加本期股利分配的股东名单的截止日期，在此日期前持有公司股票的股东方能享受股利发放。除息除权日，通常为股权登记日之后的1个工作日，本日之后（含本日）买入的股票不再享有本期股利。派发日，即股利正式发放给股东的日期。

2. 股票分割与合并

股票分割又称拆股、拆细，是将1股股票均等地拆成若干股。股票合并又称并股，是将若干股股票合并为1股。从理论上说，不论是分割还是合并，并不影响股东权益的数量及占公司总股权的比重，因此，也应该不会影响调整后股价。但事实上，股票分割与合并通常会刺激股价上升，其中原因颇为复杂，但至少存在以下理由：股票分割通常适用于高价股，拆细之后每手股票总金额下降，便于吸引更多的投资者购买；并股则常见于低价股。

3. 增发、配股、转增股本与股份回购

（1）增发。增发是指公司因业务发展需要增加资本额而发行新股。上市公司可以向公众公开增发，也可以向少数特定机构或个人增发。增发之后，公司注册资本相应增加。增发之后，若会计期内在增量资本未能产生相应效益，将导致每股收益下降，则称为稀释效应，会促成股价下跌；从另一角度看，若增发价值高于增发前每股净资产，则增发后可能会导致公司每股净资产增厚，有利于股价上涨；再有，增发总体上增加了发行在外的股票总量，短期内增加了股票供给，若无相应需求增长，股价可能下跌。

（2）配股。配股是面向原有股东，按持股数量的一定比例增发新股，原股东可以放弃配股权。现实中，由于配股价通常低于市场价格，配股上市之后可能导致股价下跌。在实践中我们经常发现，对那些业绩优良、财务结构健全、具有发展潜力的公司而言，增发和配股意味着将增加公司经营实力，会给股东带来更多回报，股价不仅不会下跌可能还会上涨。

（3）转增股本。转增股本是将原本股东权益的资本公积转为实收资本，股东权益总量和每位股东占公司的股份比例均未发生任何变化，唯一的变动是发行在外的总股数增加了。

（4）股份回购。上市公司利用自有资金，从公开市场上买回发行在外的股票，称为股份回购。通常，股份回购会导致公司股价上涨。原因主要包括：首先，股份回购改变了原有供求平衡，增加需求，减少供给；其次，公司通常在股价较低时实施回购行为，而市场一般认为公司基于信息优势做出的内部估值比外部投资者的估值更准确，从而向市场传达了积极的信息。

二、因素股票投资的价值

（一）股票的内在价值

股票的内在价值即理论价值，也即股票未来收益的现值。股票的内在价值决定股票的市场价格，股票的市场价格总是围绕其内在价值波动。

（二）影响股票投资价值的内部因素

1. 公司净资产

净资产或资产净值是总资产减去总负债后的净值，它是全体股东的权益，是决定股票投资价值的重要基准。（理论上）净值应与股价保持一定比例：净值增加，股价上涨；净值减少，股价下跌。

2. 公司盈利水平

一般情况，预期公司盈利增加，可分配股利也会相应增加，股票市场价格上涨；预期公司盈利减少，可分配股利也会相应减少，股票市场价格下降。但值得注意的是，股票价格的涨跌和公司盈利的变化并不完全同时发生。

3. 公司的股利政策

股份公司的股利政策直接影响股票投资价值。在一般情况下，股票价格与股利水平呈正比。股利水平越高，股票价格越高；反之，股利水平越低，股票价格越低。股利来自公司的税后盈利，但公司盈利的增加只为股利分配提供了可能，并非盈利增加股利一定增加。公司为合理地扩大再生产和回报股东，都会有一定的股利政策。股利政策体现了公司的经营作风和发展潜力，不同的股利政策对各期股利收入有不同影响。此外，公司对股利的分配方式也会对股价造成波动。

4. 股份分割

股份分割又称“拆股”“拆细”，是将原有股份均等地拆成若干较小的股份。股份分割一般在年度决算月份进行，通常会刺激股价上升。股份分割给投资者带来的不是现实的利益，因为股份分割前后投资者持有的公司净资产和以前一样，得到的股利也相同。但是，投资者持有的股份数量增加了，给投资者带来了今后可多分股利和更高收益的预期，因此股份分割往往比增加股利分配对股价上涨的刺激作用更大。

5. 增资和减资

公司因业务发展需要增加资本额而发行新股的行为，对不同公司股票价格的影响不同。在没有产生相应效益前，增资可能会使每股净资产下降，因而可能会促使股价下跌。但对那些业绩优良、财务结构健全且具发展潜力的公司而言，增资意味着将增加经营实力，会给股东带来更多回报，股价不仅不会下跌，可能还会上涨。当公司宣布减资时，多半是因为经营不善、亏损严重、需要重新整顿，所以股价会大幅下降。

6. 公司资产重组

公司资产重组总会引起公司价值的巨大变动，因而其股价也随之产生剧烈的波动。但需要分析公司重组对公司是否有利，重组后是否会改善公司的经营状况，因为这些是决定股价变动方向的决定因素。

（三）影响股票投资价值的外部因素

1. 宏观经济因素

宏观经济走向和相关政策是影响股票投资价值的重要因素。宏观经济走向包括经济周期、通货变动以及国际经济形势等因素。国家的货币政策、财政政策、收入分配政策、证券市场监管政策等都会对股票投资价值产生影响。

2. 行业因素

产业发展状况和趋势对于该产业上市公司的影响是巨大的，因而产业的发展状况和趋势、国家产业政策和相关产业发展等都会对该产业上市公司的股票投资价值产生影响。

3. 市场因素

证券市场上投资者对股票走势的心理预期会对股票价格走势产生重要的影响。市场中散户投资者往往有从众心理，对股市产生助涨助跌的作用。

三、股票内在价值的计算方法

（一）现金流贴现模型

1. 一般公式

现金流贴现模型是运用收入的资本化定价方法来决定普通股票的内在价值的方法。其公式是：

$$V=\frac{D_1}{1+k}+\frac{D_2}{(1+k)^2}+\frac{D_3}{(1+k)^3}+\cdots+\frac{D_\infty}{(1+k)^\infty}=\sum_{t=1}^{\infty}\frac{D_t}{(1+k)^t} \quad (2.1)$$

上式中：V—— 股票在期初的内在价值；

D_t —— 时期 t 末以现金形式表示的每股股息；

K —— 一定风险程度下现金流的合适贴现率（即必要收益率）。

根据公式（2.1），可以引出净现值的概念。净现值（NPV）等于内在价值（V）与成本（P）之差，即：

$$NPV = V - P = \sum_{t=1}^{\infty} \frac{D_t}{(1+k)^t} - P \tag{2.2}$$

上式中：P—— 在 $t = 0$ 时购买股票的成本。

如果 NPV >0，意味着预期的现金流入的现值之和大于投资成本，即这种股票价格被低估价格，因此购买这种股票可行。

如果 NPV <0，意味着预期的现金流入的现值之和小于投资成本，即这种股票价格被高估，因此不可购买这种股票。

2. 内部收益率

内部收益率就是指使得投资净现值等于零的贴现率。其公式是：

$$NPV = V - P = \sum_{t=1}^{\infty} \frac{D_t}{(1+k^*)^t} - P = 0 \tag{2.3}$$

所以

$$P = \sum_{t=1}^{\infty} \frac{D_t}{(1+k^*)^t}$$

由此可见，内部收益率实际上是使得未来股息流贴现值恰好等于股票市场价格的贴现率。由（2.3）式可以解出内部收益率 k^*，将 k^* 与具有同等风险水平股票的必要收益率 k 相比较：$k^* > k$，可考虑购买这种股票；$k^* < k$，则不要购买这种股票。

运用现金流贴现模型决定普通股票内在价值存在着一个问题，即投资者必须预测所有未来时期支付的股息。由于普通股票没有一个固定的生命周期，因此通常要给无穷多个时期的股息流加上一些假定，以便于计算股票的内在价值。这些假定始终围绕着股息增长率 g_t。一般假定相邻两个时期的股息 D_{t-1} 和 D_t 之间满足如下关系：

$$D_t = D_{t-1}(1 + g_t)$$
$$g_t = \frac{D_t - D_{t-1}}{D_{t-1}} \times 100\% \tag{2.4}$$

不同股息增长率的假定派出不同类型的贴现现金流模型。

（二）零增长模型

从本质上来说，零增长模型和不变增长模型都可以看作是可变增长模型的特例。零增长模型实际上是不变增长模型的一个特例。

1. 公式

零增长模型假定股息增长率等于零，即 $g = 0$。也就是说，未来的股息按一个固定数量支付。根据这个假定，我们用 D_0 来替换 D_t，得：

$$V = \sum_{t=1}^{\infty} \frac{D_0}{(1+k)^t} = D_0 \sum_{t=1}^{\infty} \frac{1}{(1+k)^t} \tag{2.5}$$

因为 $k>0$，按照数学中无穷级数的性质，可知：

$$\sum_{t=1}^{\infty}\frac{1}{(1+k)^t}=\frac{1}{k} \tag{2.6}$$

因此，零增长模型公式为：

$$V=\frac{D_0}{K}$$

上式中：V—— 股票的内在价值；

D_0—— 在未来每期支付的每股股息；

K—— 到期收益率。

2. 内部收益率

零增长模型也可用于计算投资于零增长证券的内部收益率。用证券的当前价格 P 代替 V，用 k^*（内部收益率）替换 k，零增长模型可变形为：

$$P=\sum_{t=1}^{\infty}\frac{D_0}{(1+k^*)^t}=\frac{D_0}{k^*} \tag{2.7}$$

进行转换，可得：

$$k^*=\frac{D_0}{P}\times 100\%$$

3. 应用

零增长模型的应用似乎受到一些的限制，毕竟假定对某一种股票永远支付固定的股息是不合理的，但在特定的情况下，对于决定普通股票的价值仍然是有用的。在决定优先股的内在价值时这种模型相当有用，因为大多数优先股支付的股息是固定的。

（三）不变增长模型

不变增长模型可以分为两种形式：一种是股息按照不变的增长率增长；另一种是股息以固定不变的绝对值增长。如果我们假设股息永远按不变的增长率增长，就可以建立不变增长模型。

1. 公式

假设时期 t 的股息为：

$$D_t=D_{t-1}(1+g)=D_0(1+g)^t$$

将 $D_t=D_0(1+g)^t$ 代入现金流贴现模型(2.1)式中，可得：

$$V=\sum_{t=1}^{\infty}D_0\frac{(1+g)^t}{(1+k)^t}=D_0\sum_{t=1}^{\infty}\frac{(1+g)^t}{(1+k)^t}$$

运用数学中无穷级数的性质，如果 $k>g$，可得：

$$\sum_{t=1}^{\infty}\frac{(1+g)^t}{(1+k)^t}=\frac{1+g}{k-g}$$

从而得出不变增长模型：

$$V=D_0\frac{1+g}{k-g} \tag{2.8}$$

由于 $D_t = D_{t-1}(1+g)$，有时把(2.8)式写成如下形式：

$$V = \frac{D_1}{k-g} \tag{2.9}$$

2. 内部收益率(k^*)

利用不变增长模型同样可以用于求解股票的内部收益率。首先，用股票的市场价格 P 代替 V；其次，用 k^* 代替 k，其结果是：

$$P = D_0 \frac{1+g}{k^*-g}$$

经过变换，可得：

$$k^* = (D_0 \frac{1+g}{P} + g) \times 100\% = (\frac{D_1}{P} + g) \times 100\%$$

(四) 可变增长模型

模型和不变增长模型都对股息的增长率进行了一定的假设。事实上，股息的增长率是变化不定的，因此，零增长模型和不变增长模型并不能很好地在现实中对股票的价值进行评估。下面，我们主要对可变增长模型中的二元增长模型进行介绍。

1. 公式

二元增长模型假定在时间 L 以前，股息以一个不变的增长速度 g_1 增长；在时间 L 后，股息以另一个不变的增长速度 g_2 增长。在此假定下，我们可以建立二元可变增长模型：

$$\begin{aligned} V &= \sum_{t=1}^{L} D_0 \frac{(1+g_1)^t}{(1+k)^t} + \sum_{t=L+1}^{\infty} D_L \frac{(1+g_2)^{t-L}}{(1+k)^t} \\ &= \sum_{t=1}^{L} D_0 \frac{(1+g_1)^t}{(1+k)^t} + \frac{1}{(1+k)^L} \sum_{t=L+1}^{\infty} D_L \frac{(1+g_2)^{t-L}}{(1+k)^{t-L}} \\ &= \sum_{t=1}^{L} D_0 \frac{(1+g_1)^t}{(1+k)^t} + \frac{1}{(1+k)^L} \frac{D_{L+1}}{(k-g_2)} \end{aligned} \tag{2.10}$$

$$D_{L+1} = D_0(1+g_1)^t(1+g_2)$$

【例 2.1】A 公司目前股息为每股 0.20 元，预期回报率为 16%，未来 5 年中超常态增长率为 20%，随后的增长率为 10%，即 $D_0 = 0.20$，$g_1 = 0.20$，$g_2 = 0.10$，$L = 5$，$k = 0.16$，代入(2.10)式得：

$$\begin{aligned} V &= \sum_{t=1}^{L} D_0 \frac{(1+g_1)^t}{(1+k)^t} + \frac{1}{(1+k)^L} \frac{D_{L+1}}{(k-g_2)} \\ &= \sum 0.20 \times \frac{(1+0.20)^t}{(1+0.16)^t} + \frac{1}{(1+0.16)^5} \times \frac{D_{L+1}}{0.16-0.10} \\ &= 1.11 + 4.34 \\ &= 5.45(\text{元}) \end{aligned}$$

其中：

$$D_{L+1} = D_0(1+g_1)^L(1+g_2)$$
$$= 0.2 \times (1+0.2)^5(1+0.10)$$
$$= 0.547$$

因此，A公司股票的理论价值为5.45元。当市场价格高于5.45元时，则投资者应该买进该股票。

2. 内部收益率

在可变增长模型中，用股票的市场价格 P 代替 V，k^* 代替 k，同样可以计算出收益率 k^*。不过，由于可变增长模型相对较为复杂，不容易直接得出内部收益率，因此，主要采取试错法来计算 k^*。

试错法的主要思路是，首先估计一个收益水平 $k_1{}^*$，然后将其代入可变增长模型中。

3. 应用

如果计算出在此收益率水平下股票的理论价值高于股票的市场价格，则认为估计的收益率水平低于实际的内部收益率 k^*。同理，如果计算出在此收益率水平下股票的理论价值低于股票的市场价格，则认为估计的收益率水平高于实际的内部收益率 k^*。这样，通过反复试错，所估计的收益率水平将逐步逼近实际的收益率水平。

四、债券的基本概述

（一）债券的定义

债券是一种有价证券，是社会各类经济主体为筹集资金而向债券投资者出具的、承诺按一定利率定期支付利息并到期偿还本金的债权债务凭证。债券上规定资金借贷的权责关系主要有三点：第一，所借贷货币的数额；第二，借款时间；第三，在借贷时间内应有的补偿或代价是多少（即债券的利息）。债券包含四个方面的含义：第一，发行人是借入资金的经济主体；第二，投资者是出借资金的经济主体；第三，发行人需要在一定时期付息还本；第四，债券反映了发行者和投资者之间的债权、债务关系，而且是这一关系的法律凭证。

（二）债券的票面要素

1. 债券的票面价值

债券的票面价值是债券票面标明的货币价值，是债券发行人承诺在债券到期日偿还给债券持有人的金额。

债券的票面价值要标明的内容主要有：币种、票面的金额。票面金额大小不同，可以适应不同的投资对象，同时也会产生不同的发行成本。票面金额定得较小，有利于小额投资者，购买持有者分布面广，但债券本身的印刷及发行工作量大，费用可能较高；票面金额定得较大，有利于少数大额投资者认购，且印刷费用等也会相应减少，但小额投资者无法参与。因此，债券票面金额的确定也要根据债券的发行对象、市场资金供给情况及债券发行费用等因素综合考虑。

2. 债券的到期期限

债券到期期限是指债券从发行之日起至偿清本息之日止的时间，也是债券发行人承诺履行合同义务的全部时间。

决定偿还期限的主要因素：资金使用方向、市场利率变化、债券变现能力。

一般来说，当未来市场利率趋于下降时，应发行期限较短的债券；而当未来市场利率趋于上升时，应发行期限较长的债券，这样有利于降低筹资者的利息负担。

3. 债券的票面利率

影响债券票面利率的因素：第一，借贷资金市场利率水平。第二，筹资者的资信。第三，债券期限长短。一般来说，期限较长的债券流动性差，风险相对较大，票面利率应该定得高一些；而期限较短的债券流动性强，风险相对较小，票面利率就可以定得低一些。

（三）债券的分类

1. 政府债券

政府债券的发行主体是政府。中央政府发行的债券称为国债，其主要用途是解决由政府投资的公共设施或重点建设项目的资金需要和弥补国家财政赤字。有些国家把政府担保的债券也划归为政府债券体系，称为政府保证债券。

2. 金融债券

金融债券的发行主体是银行或非银行的金融机构。金融机构一般有雄厚的资金实力，信用度较高，因此，金融债券往往也有良好的信誉。它们发行债券的目的主要有：筹资用于某种特殊用途；改变本身的资产负债结构。金融债券的期限以中期较为多见。

3. 公司债券

公司债券是公司依照法定程序发行，约定在一定期限还本付息的有价证券。

五、证券投资基金概述

（一）证券投资基金

证券投资基金是指通过公开发售基金份额募集资金，由基金托管人托管，基金管理人管理和运用资金，为基金份额持有人的利益，以资产组合方式进行证券投资的一种利益共享、风险共担的集合投资方式。

各国对证券投资基金的称谓不尽相同，如美国称“共同基金”，英国和我国香港地区称“单位信托基金”，日本和我国台湾地区则称“证券投资信托基金”等。英国1868年由政府出面组建了海外和殖民地政府信托组织，公开向社会发售受益凭证。基金起源于英国，基金产业已经与银行业、证券业、保险业并驾齐驱，成为现代金融体系的四大支柱。

（二）证券投资基金的特点

1. 集合投资

基金的特点是将零散的资金汇集起来，交给专业机构投资于各种金融工具，以谋取资产的增值。基金对投资的最低限额要求不高，投资者可以根据自己的经济能力决定购买数量，有些基金甚至不限制投资额大小。

2. 分散风险

以科学的投资组合降低风险、提高收益是基金的另一大特点。

3. 专业理财

将分散的资金集中起来以信托方式交给专业机构进行投资运作，既是证券投资基金的一个重要特点，也是它的一个重要功能。

（三）证券投资基金的分类

1. 按基金的组织形式不同，基金可分为契约型基金和公司型基金

契约型基金又称为单位信托，是指将投资者、管理人、托管人三者作为基金的当事人，通过签订基金契约的形式发行受益凭证而设立的一种基金。公司型基金是依据基金公司章程设立，在法律上具有独立法人地位的股份投资公司。公司型基金在组织形式上与股份有限公司类似，由股东选举董事会，由董事会选聘基金管理公司，基金管理公司负责管理基金的投资业务。

2. 按基金运作方式不同，基金可分为封闭式基金和开放式基金

封闭式基金是指经核准的基金份额总额在基金合同期限内固定不变，基金份额可以在依法设立的证券交易场所交易，但基金份额持有人不得申请赎回原基金。决定基金期限长短的因素主要有两个：一是基金本身投资期限的长短。二是宏观经济形势。开放式基金是指基金份额总额不固定，基金份额可以在基金合同约定的时间和场所申购或者赎回的基金。

封闭式基金与开放式基金有以下主要区别：①期限不同。②发行规模限制不同。③基金份额交易方式不同。（绝大多数开放式基金不上市交易）。④基金份额的交易价格计算标准不同。封闭式基金与开放式基金的基金份额除了首次发行价都是按面值加一定百分比的购买费计算外，以后的交易计价方式不同。封闭式基金的买卖价格受市场供求关系的影响，常出现溢价或折价现象，并不必然反映单位基金份额的净资产值。开放式基金的交易价格则取决于每一基金份额净资产值的大小，其申购价一般是基金份额净资产值加一定的购买费，赎回价是基金份额净资产值减去一定的赎回费，不直接受市场供求影响。⑤基金份额资产净值公布的时间不同。封闭式基金一般每周或更长时间公布一次，开放式基金一般在每个交易日连续公布。⑥交易费用不同。投资者在买卖封闭式基金时，在基金价格之外要支付手续费；投资者在买卖开放式基金时，则要支付申购费和赎回费。⑦投资策略不同。封闭式基金在封闭期内基金规模不会减少，因此可进行长期投资，基金资产的投资组合能有效地在预定计划内进行。

3. 特殊类型的基金

（1）ETF。ETF 是英文“Exchange Traded Funds”的简称，常被译为“交易所交易基金”，上海证券交易所则将其定名为“交易型开放式指数基金”。ETF 是一种在交易所上市交易的、基金份额可变的一种基金运作方式。ETF 结合了封闭式基金与开放式基金的运作特点，一方面可以像封闭式基金一样在交易所二级市场进行买卖，另一方面又可以像开放式基金一样申购、赎回。不同的是，它的申购是用一篮子股票换取 ETF 份额，赎回时也是换回一篮子股票而不是现金。这种交易方式使该类基金存在一、二级市场之间的套利机制，可有效防止类似封闭式基金的大幅折价现象。

（2）LOF。上市开放式基金（Listed Open—ended Funds，LOF）是一种既可以同时在场外市场进行基金份额申购、赎回，又可以在交易所进行基金份额交易和基金份额申购或赎回，并通过份额转托管机制将场外市场与场内市场有机地联系在一起的一种开放式基金。

（3）QDII 基金。QDII 是 Qualified Domestic Institutional Investors（合格的境内机构投资者）的首字缩写。QDII 基金是指在一国境内设立，经该国有关部门批准从事境外证券市场的股票、债券等有价证券投资的基金。它为国内投资者参与国际市场投资提供了便利。2007 年我国推出了首批 QDII 基金。

六、证券投资基金的费用

（一）基金管理费

基金管理费通常按照每个估值日基金净资产的一定比率（年率）逐日计提，累计至每月月底，按月支付。管理费率的大小通常与基金规模成反比，与风险成正比。基金规模越大，风险越小，管理费率就越低；反之，则越高。不同的国家及不同种类的基金，管理费率不完全相同。我国基金的年管理费率最初为 2.5%，随着基金规模的扩大和竞争的加剧，管理费有逐步调低的倾向。目前，我国股票基金大部分按照 1.5%的比例计提基金管理费，债券基金的管理费率一般低于 1%，货币基金的管理费率为 0.33%。管理费通常从基金的股息、利息收益中或从基金资产中扣除，不另向投资者收取。

（二）基金托管费

基金托管费是指基金托管人为保管和处置基金资产而向基金收取的费用。托管费通常按照基金资产净值的一定比率提取，逐日计算并累计，按月支付给托管人。托管费从基金资产中提取，费率也会因基金种类不同而异。目前，我国封闭式基金按照 0.25%的比例计提基金托管费，开放式基金根据基金合同的规定比例计提，通常低于 0.25%；股票型基金的托管费率要高于债券型基金及货币市场基金的托管费率。我国规定，基金托管人可磋商酌情调低基金托管费，经中国证监会核准后公告，无须为此召开基金持有人大会。

（三）基金交易费

基金交易费是指基金在进行证券买卖交易时所发生的相关交易费用。目前，我国证券投资基金的交易费用主要包括印花税、交易佣金、过户费、经手费、证管费。交易佣金由证券公司按成交金额的一定比例向基金收取，印花税、过户费、经手费、证管费等则由登记公司或交易所按有关规定收取。参与银行间债券交易的，还需向中央国债登记结算有限责任公司支付银行间账户服务费，向全国银行间同业拆借中心支付交易手续费等服务费用。

（四）基金运作费

基金运作费指为保证基金正常运作而发生的应由基金承担的费用，包括审计费、律师费、上市年费、信息披露费、分红手续费、持有人大会费、开户费、银行汇划手续费等。按照有关规定，发生的这些费用如果影响基金份额净值小数点后第5位的，即发生的费用大于基金净值十万分之一，应采用预提或待摊的方法计入基金损益。发生的费用如果不影响基金份额净值小数点后第5位的，即发生的费用小于基金净值十万分之一，应于发生时直接计入基金损益。

（五）基金销售服务费

目前只有货币市场基金以及其他经中国证监会核准的基金产品收取基金销售服务费，基金管理人可以依照相关规定从基金财产中持续计提一定比例的销售服务费。收取销售服务费的基金通常不再收取申购费。

七、证券投资基金资产估值及利润分配

（一）基金资产净值

基金资产总值是指基金所拥有的各类证券的价值、银行存款本息、基金应收的申购基金款以及其他投资所形成的价值总和。基金资产净值是指基金资产总值减去负债后的价值。基金份额净值是指某一时点上某一投资基金每份基金份额实际代表的价值。

基金资产净值和基金份额净值计算公式如下：

基金资产净值=基金资产总值-基金负债

基金份额净值=基金资产净值/基金总份额

基金资产净值是衡量一个基金经营业绩的主要指标，也是基金份额交易价格的内在价值和计算依据。

（二）基金资产估值

基金资产估值是指通过对基金所拥有的全部资产及所有负债按一定的原则和方法进行估算，进而确定基金资产公允价值的过程。

1. 估值的目的

基金资产估值的目的是客观、准确地反映基金资产的价值。经基金资产估值

后确定的基金资产净值而计算出的基金份额净值，是计算基金份额转让价格尤其是计算开放式基金申购与赎回价格的基础。

2. 估值对象

估值对象为基金依法拥有的各类资产，如股票、债券、权证等。

3. 估值日的确定

基金管理人应于每个交易日当天对基金资产进行估值。

4. 估值暂停

基金管理人虽然必须按规定对基金净资产进行估值，但遇到下列特殊情况，可以暂停估值：

（1）基金投资所涉及的证券交易所遇法定节假日或因其他原因暂停营业时。

（2）因不可抗力或其他情形致使基金管理人、基金托管人无法准确评估基金资产价值时。

（3）占基金相当比例的投资品种的估值出现重大转变，而基金管理人为保障投资人的利益，已决定延迟估值。

（4）如出现基金管理人认为属于紧急事故的任何情况，会导致基金管理人不能出售或评估基金资产的。

（5）中国证监会和基金合同认定的其他情形。

（三）证券投资基金的收入及利润分配

1. 证券投资基金的收入来源

证券投资基金收入是基金资产在运作过程中所产生的各种收入，主要包括利息收入、投资收益以及其他收入。基金资产估值引起的资产价值变动作为公允价值变动损益计入当期损益。

2. 证券投资基金的利润分配

基金利润（收益）分配通常有两种方式：一是分配现金，这是最普遍的分配方式；二是分配基金份额，即将应分配的净利润折为等额的新的基金份额送给受益人。按照我国《证券投资基金管理办法》的规定，封闭式基金的收益分配每年不得少于一次，封闭式基金年度收益分配比例不得低于基金年度已实现收益的90%。封闭式基金一般采用现金方式分红。

开放式基金的基金合同应当约定每年基金利润分配的最多次数和基金利润分配的最低比例。开放式基金的分红方式有现金分红和分红再投资转换为基金份额两种。根据规定，基金利润分配应当采用现金方式。开放式基金的基金份额持有人可以事先选择将所获分配的现金利润按照基金合同有关基金份额申购的约定转为基金份额；基金份额持有人事先未做出选择的，基金管理人应当支付现金。

八、金融期货合约与金融期货市场

（一）金融期货的定义

期货合约是由交易双方订立的，约定在未来某日按成交时约定的价格交割一定数量的某种商品的标准化协议。

（二）金融期货的主要交易制度

1. 集中交易制度

金融期货是在期货交易所或证券交易所进行集中交易。期货交易所是期货市场的核心。

2. 标准化期货合约和对冲机制

略。

3. 保证金及其杠杆作用

设立保证金的主要目的是当交易者出现亏损时能及时制止，防止出现不能偿付的现象。双方成交时缴纳的保证金叫初始保证金。

4. 结算所和无负债结算制度

结算所是期货交易的专门清算机构，通常附属于交易所，但又以独立的公司形式组建。所有的期货交易都必须通过结算会员由结算机构进行，而不是由交易双方直接交收清算。结算所实行无负债的每日结算制度，又称逐日盯市制度，就是以每种期货合约在交易日收盘前最后 1 分钟或几分钟的平均成交价作为当日结算价，与每笔交易成交时的价格做对照，计算每个结算所会员账户的浮动盈亏，进行随市清算。由于逐日盯市制度以 1 个交易日为最长的结算周期，对所有账户的交易头寸按不同到期日分别计算，并要求所有的交易盈亏都能及时结算，从而能及时调整保证金账户，控制市场风险。

5. 限仓制度

限仓制度是交易所为了防止市场风险过度集中和防范操纵市场的行为，而对交易者持仓数量加以限制的制度。

6. 大户报告制度

设立大户报告制度是以便交易所审查大户是否有过度投机和操纵市场行为。

限仓制度和大户报告制度是降低市场风险，防止人为操纵，提供公开、公平、公正市场环境的有效机制。

7. 每日价格波动限制及断路器规则

略。

（三）金融期货的种类

金融期货按照基础工具可划分为：外汇期货、利率期货、股权类期货。

1. 外汇期货

外汇期货又称货币期货，是金融期货中最先产生的品种，主要用于规避外汇风险。外汇期货交易产生：1972 年芝加哥商业交易所（CME）所属国际货币市场（IMM）率先推出。

2. 利率期货

利率期货主要是为了规避利率风险而产生的。利率期货 1975 年 10 月产生于美国芝加哥期货交易所（CBOT）。

利率期货品种：

（1）债券期货：以国债期货为主的债券期货是各主要交易所最重要的利率期货品种。1992 年 12 月 18 日，上海证券交易所开办国债期货交易，并于 1993 年 10 月 25 日向社会公众开放。“3. 27”国债期货事件，主要是因为期货交易规则不完善而发生的。1995 年 5 月 17 日，证监会暂停国债期货试点。

（2）主要参考利率期货：以主要参考利率为标的的期货品种。

主要参考利率：伦敦银行间同业拆放利率（1IBOR）、香港银行间同业拆放利率（HIBOR）、欧洲美元定期存款单利率和联邦基金利率等。

3. 股权类期货

股权类期货：以单只股票、股票组合、股票价格指数为基础资产的期货合约。

（1）股指期货。股票价格指数期货是以股票价格指数为基础变量的期货交易。1982 年，美国堪萨斯期货交易所正式开办世界上第一个股票指数期货交易。2006 年 9 月 8 日，中国金融期货交易所正式成立。

（2）单只股票期货。

（3）股票组合期货。股票组合期货是以标准化的股票组合为基础资产的金融期货。

（四）沪深 300 股指期货

选择沪深 300 指数为中国金融期货交易所首个股票指数期货标的，主要考虑了以下三个方面：

第一，沪深 300 指数市场覆盖率高，主要成分股权比重较分散，有利于防范指数操纵行为。

第二，沪深 300 指数成分股涵盖能源、原材料、工业、可选消费、主要消费、健康护理、金融、信息技术、电信服务、公共事业等 10 个行业，各行业公司流通市值覆盖率相对均衡，使得该指数能够较好地对抗行业的周期性波动。

第三，沪深 300 指数的编制吸收了国际市场成熟的指数编制理念，有利于市场发挥和后续产品创新。

2. 股指期货投资者适当性制度

略。

3. 交易规则

略。

（五）金融期货的基本功能

1. 套期保值功能

（1）套期保值原理

期货交易之所以能够套期保值，其基本原理在于某一特定商品或金融工具的期货价格和现货价格受相同经济因素的制约和影响，从而它们的变动趋势大致相同；而且，现货价格与期货价格在走势上具有收敛性，即当期货合约临近到期日时，现货价格与期货价格将逐渐趋同。

若同时在现货市场和期货市场建立数量相同、方向相反的头寸，则到期时不论现货价格上涨或是下跌，两种头寸的盈亏恰好抵消，使套期保值者避免承担风险损失。

（2）套期保值的基本做法

套期保值的基本做法是：在现货市场买进或卖出某种金融工具的同时，做一笔与现货交易品种、数量、期限相当但方向相反的期货交易，以期在未来某一时间通过期货合约的对冲，以一个市场的盈利来弥补另一个市场的亏损，从而规避现货合约的对冲，以一个市场的盈利来弥补另一个市场的亏损，从而规避现货价格变动带来的风险，实现保值的目的。

套期保值的基本类型有两种：一是多头套期保值，二是空头套期保值。

由于期货交易的对象是标准化产品，因此，套期保值者很可能难以找到与现货头寸在品种、期限、数量上均恰好匹配的期货合约。如果选用替代合约进行套期保值操作，则不能完全锁定未来现金流，由此带来的风险称为“基差风险”。（基差=现货价格-期货价格）

【例 2.2】2010 年 3 月 1 日，沪深 300 指数现货报价为 3 324 点，在仿真交易市场，2010 年 9 月到期（9 月 17 日到期）的沪深 300 股指期货合约报价为 3 400 点，某投资者持有价值为 1 亿元的市场组合，为防范在 9 月 18 日之前出现系统性风险，可卖出 9 月份沪深 300 指数期货进行保值。

如果该投资者做空 100 张 9 月到期合约［100 000 000/（3 324×300）-100］，则到 9 月 17 日收盘时：

现货头寸价值=1 亿元×9 月 17 日现货收盘价/3 月 1 日现货报价

期货头寸盈亏=300 元×（9 月 17 日期货结算价-3 月 1 日期货报价）×做空合约张数在不同指数点位下头寸变化，如表 2.1 所示。

表 2.1　沪深 300 指数期货套期保值

9 月 17 日沪深 300 指数	现货头寸价值（元）	期货头寸盈亏（元）	合计（元）
2 900	87 244 284	12 720 000	99 964 284
3 000	90 252 707.58	9 720 000	99 972 707.58
3 100	93 261 131.17	6 720 000	99 981 131.17
3 200	96 269 554.75	3 720 000	99 989 554.75
3 300	99 277 978.34	720 000	99 997 978.34
3 400	102 286 401.9	-2 280 000	100 006 401.9
3 500	105 294 825.5	-5 280 000	100 014 825.5
3 600	108 303 249.1	-8 280 000	100 023 249.1
3 700	111 311 672.7	-11 280 000	100 031 672.7

由表 2.1 可知，经空头套期保值后，不论 2010 年 9 月沪深 300 指数如何变化，该投资者的账户总值都基本维持不变。

2. 价格发现功能

价格发现功能是指在一个公开、公平、高效、竞争的期货市场中，通过集中竞价形成期货价格的功能。期货价格具有预期性、连续性和权威性的特点，能够比较准确地反映出未来商品价格的变动趋势。期货市场之所以具有价格发现功能，是因为期货市场将众多影响供求关系的因素集中于交易所内，通过买卖双方公开竞价，集中转化为一个统一的交易价格。

3. 投机功能

与所有有价证券交易相同，期货市场上的投机者也会利用对未来期货价格走势的预期进行投机交易，预计价格上涨的投机者会建立期货多头，反之则建立空头。期货投机具有以下特征：可 T+0，进行日内投机；高风险。

4. 套利功能

套利的理论基础在于经济学中的一价定律，即忽略交易费用的差异，同一商品只能有一个价格。

九、K 线理论

（一）K 线的画法和主要形状

1. K 线的画法

K 线又称为日本线，起源于日本。K 线中涉及的四个价格分别是：开盘价、最高价、最低价和收盘价。其中收盘价最为重要。K 线是一条柱状的线条，由影线和实体组成。中间的矩形部分是实体，实体的上下端为开盘价和收盘价。实体上方的直线为上影线，上端点是最高价。实体下方的直线为下影线，下端点是最低价。根据开盘价和收盘价的关系，K 线又分为阳线和阴线两种，收盘价高于开盘价时为阳线（红线），收盘价低于开盘价时为阴线（黑线）。见图 2. 1。

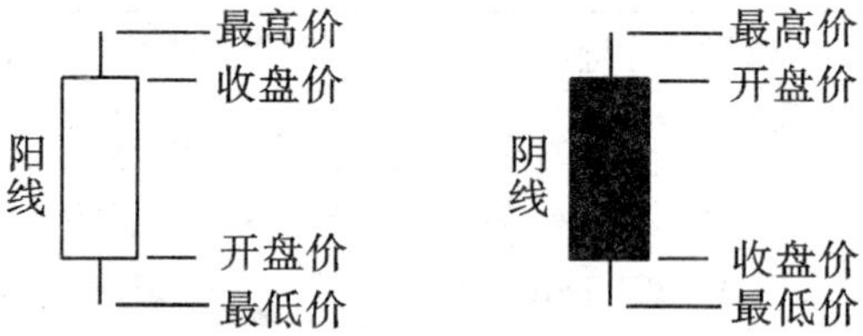

图 2. 1　K 线解析图

（二）K 线的组合应用

K 线图反映的是一段时间以来买卖双方战斗的结果。

1. 单根 K 线的应用

应用单根 K 线研判行情，主要是从实体的长短、阴阳、上下影线的长短以及实体长短与上下影线长短之间的关系等几个方面进行。如大阳线实体和大阴线实体；有上下影线的阳线和阴线；十字星。

总之，应用一根 K 线进行分析时，多空双方力量的对比取决于影线的长短与实体的大小。一般来说，指向一个方向的影线越长，越不利于股价今后朝这个方向变动。阴线实体越长，越有利于下跌；阳线实体越长，越有利于上涨。

2. 由多根 K 线的组合推测行情

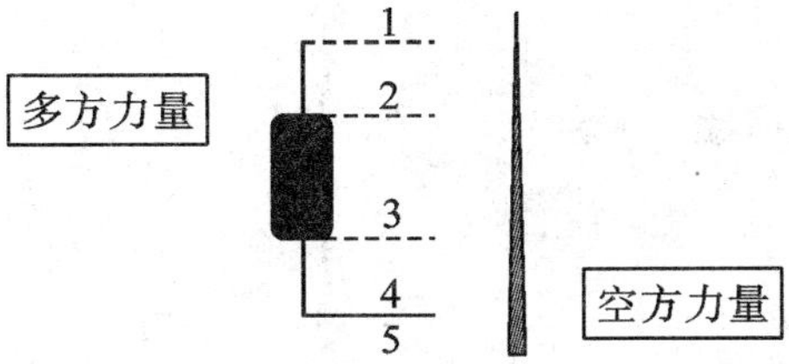

图 2.2　K 线 5 区力量图

对于两根 K 线的组合来说，第二天的 K 线是进行行情判断的关键。简单地说，第二天多空双方争斗的区域越高，越有利于上涨；越低，越有利于下跌，也就是说，从区域 1 到区域 5 是多方力量减少、空方力量增加的过程。K 线多的组合要比 K 线少的组合得出的结论更可靠。

（三）应用 K 线理论应注意的问题

由 K 线的组合得到的结论都是相对的，不是绝对的。

尽量使用根数多的 K 线组合。一般说来，多根 K 线组合得到的结果不大容易与事实相反。

十、切线理论

（一）趋势分析

1. 趋势的含义

趋势是指股票价格的波动方向。

2. 趋势的方向

趋势的方向有三类：①上升方向；②下降方向；③水平方向（无趋势方向）。

3. 趋势的类型

按道氏理论的分类，趋势分为三种类型：主要趋势、次要趋势和短暂趋势。

（二）支撑线和压力线

支撑线又称为抵抗线，是指当股价下跌到某个价位附近时，会出现买方增加、卖方减少的情况，从而使股价停止下跌，甚至有可能回升。支撑线起阻止股价继续下跌的作用。压力线又称阻力线，是指当股价上涨到某价位附近时，会出现卖方增加、买方减少的情况，股价会停止上涨，甚至回落。压力线起到阻止股价继续上升的作用。市场中主要有三种人：多头、空头和旁观者。

一条支撑线或压力线对当前影响的重要性应从三个方面考虑：一是股价在这个区域停留时间的长短；二是股价在这个区域伴随的成交量大小；三是这个支撑区域或压力区域发生的时间距离当前这个时期的远近。很显然，股价停留的时间越长、伴随的成交量越大、离现在越近，则这个支撑或压力区域对当前的影响就越大；反之就越小。

（三）趋势线和轨道线

1. 趋势线

（1）趋势线的含义

由于证券价格变化的趋势是有方向的，因而可以用直线将这种趋势表示出来，这样的直线称为趋势线。反映价格向上波动发展的趋势线称为上升趋势线；反映价格向下波动发展的趋势线则称为下降趋势线。由于股票价格的波动可分为长期趋势、中期趋势及短期趋势三种，因此，描述价格变动的趋势线分别为长期趋势线、中期趋势线与短期趋势线三种。

由于价格波动经常变化，可能由升转跌，也可能由跌转升，甚至在上升或下跌途中转换方向，因此，反映价格变动的趋势线不可能一成不变，而是要随着价格波动的实际情况进行调整。

（2）趋势线的确认及其作用

要得到一条真正起作用的趋势线，要经多方面的验证才能最终确认，不合条件的一般应删除。首先，必须确实有趋势存在。也就是说，在上升趋势中，必须确认出两个依次上升的低点；在下降趋势中，必须确认两个依次下降的高点，才能确认趋势的存在。其次，画出直线后，还应得到第三个点的验证才能确认这条趋势线是有效的。一般说来，所画出的直线被触及的次数越多，其作为趋势线的有效性越能得到确认，用它进行预测越准确有效。另外，这条直线延续的时间越长，越具有有效性。

2. 轨道线

两条平行线组成的一个轨道，就是常说的上升和下降轨道。轨道的作用是限制股价的变动范围，让它不能变得太离谱，一个轨道一旦得到确认，那么价格将在这个通道里变动。对上面或下面的直线的突破将意味着行情有一个大的变化。

轨道线也是一个被确认的问题。一般而言，轨道线被触及的次数越多，延续的时间越长，其被认可的程度和重要性越高。

（四）应用切线理论应注意的问题

切线为我们提供了很多价格移动可能存在的支撑线和压力线，这些切线有很重要的作用。但是，支撑线、压力线有被突破的可能，它们的价位只是一种参考，不能把它们当成万能的工具。

十一、形态理论

（一）股价移动规律和两种形态类型

1. 股价移动的规律

股价的移动取决于多空双方力量的大小。

持续整理、保持平衡、打破平衡、新的平衡、再打破平衡……

2. 价格移动的两种形态、类型

价格移动的两种形态、类型包括：持续整理形态、反转突破形态；前者保持平衡，后者打破平衡。

（二）反转突破形态（趋势方向的反转）

反转突破形态主要有头肩形态、多重顶（底）形态、圆弧顶（底）形态、喇叭形以及 V 形反转形态等多种形态。

1. 头肩形态

头肩形态是实际股价形态中出现最多的一种形态，也是最著名和最可靠的反转突破形态。它一般可分为头肩顶、头肩底以及复合头肩形态三种类型。

（1）头肩顶形态（可靠的沽出时机）。头肩顶形态的形成过程大体如下：

①股价长期上升后，成交量大增，获利回吐压力亦增加，导致股价回落，成交量较大幅度下降，左肩形成。

②股价回升，突破左肩之顶点，成交量亦可能因充分换手而创纪录，但价位过高使持股者产生恐慌心理，竞相抛售，股价回跌到前一低点水准附近，头部完成。

③股价第三次上升，但前段的巨额成交量将不再重现，涨势亦不再凶猛，价位到达头部顶点之前即告回落，形成右肩。这一次下跌时，股价急速穿过颈线，再回升时，股价也仅能达到颈线附近，然后成为下跌趋势，头肩顶形态宣告完成。

当颈线被突破，反转确认以后，大势将下跌。下跌的深度，可以借助头肩顶形态的测算功能进行。

从突破点算起，股价将至少要跌到与形态高度相等的距离。

（2）头肩底形态（买进时机）。略。

（3）复合头肩形态。略。

2. 双重顶和双重底形态

双重顶和双重底就是 M 头和 W 底，这种形态在实际中出现得也非常频繁。

突破颈线就是突破轨道线、突破支撑线，所以也有突破被认可的问题。双重顶反转突破形态一旦得到确认，同样具有测算功能，即从突破点算起，股价将至少要跌到与形态高度相等的距离。需要注意的是，双重底的颈线突破时，必须有大成交量的配合，否则即可能为无效突破。

双重顶反转形态一般具有如下特征：①双重顶的两个高点不一定在同一水平，两者相关少于 3%就不会影响形态的分析意义；②向下突破颈线时不一定有大成交量伴随，但日后继续下跌时成交量会扩大；③双重顶形态完成后的最小跌幅度量度方法是由颈线开始，至少会下跌从双头最高点到颈线之间的差价距离。

3. 三重顶（底）形态

比起头肩形态来说，三重顶（底）形态更容易演变成持续形态，而不是反转形态。

4. 圆弧形态（成交量是两头多，中间少）

圆弧形态在实际中出现的机会较少，但是一旦出现则是绝好的机会，它的反转深度和高度是不可测的。

圆弧形态具有如下特征：①形态完成、股价反转后，行情多属暴发性，涨跌急速，持续时间也不长，一般是一口气走完，中间极少出现回挡或反弹。因此，形态确信后应立即顺势而为，以免踏空、套牢。②在圆弧顶或圆弧底形态的形成过程中，成交量的变化都是两头多，中间少。越靠近顶或底成交量越少，到达顶或底时成交量达到最少。在突破后的一段，都有相当大的成交量。③圆弧形态形成所花的时间越长，今后反转的力度就越强，越值得人们去相信这个圆弧形。一般来说，应该与一个头肩形态形成的时间相当。

5. 喇叭形（缺乏理性的市场）

喇叭形态具有如下特征：①喇叭形一般是一个下跌形态，暗示升势将到尽头，只有在少数情况下股价在高成交量配合下向上突破时，才会改变其分析意义；②从成交量来看，整个喇叭形态形成期间都会保持不规则的大成交量，否则难以构成该形态；③喇叭形走势的跌幅是不可量度的，一般说来，跌幅都会很大；④喇叭形源于投资者的非理性，因而在投资意愿不强、气氛低沉的市道中，不可能形成该形态。

6. V 形反转（失控）

V 形走势是一种很难预测的反转形态，它往往出现在市场剧烈的波动之中。

（三）持续整理形态

持续整理形态包括：三角形、矩形、楔形和旗形。

1. 三角形态

三角形态分为：对称三角形、上升三角形和下降三角形。

根据经验，突破的位置一般应在三角形的横向宽度的 1/2~3/4 的某个位置。三角形的横向宽度指三角形的顶点到底的高度。

2. 矩形（可进行短线操作）

矩形又叫箱形，也是一种典型的整理形态，股票价格在两条横着的水平直线之间上下波动，作横向延伸运动。

当矩形突破后，其涨跌幅度通常等于矩形本身宽度，这是矩阵形态的测算功能。

3. 旗形和楔形

这两个形态的特殊之处在于，它们都有明确的形态方向，如向上或向下，并且形态方向与原有的趋势方向相反。

（1）旗形

旗形大多发生在市场极度活跃、股价运动近乎直线上升或下降的情况下。在市场急速而又大幅的波动中，股价经过一连串紧密的短期波动后，形成一个稍微与原来趋势呈相反方向倾斜的长方形，这就是旗形走势。

旗形也有测算功能。旗形的形态高度是平行四边形左右两条边的长度。旗形被突破后，股价将至少要走到形态高度的距离，大多数情况是走到旗杆高度的距离。

应用旗形时，有几点要注意：

①旗形出现之前，一般应有一根旗杆，这是由于价格的直线运动形成的。

②旗形持续的时间不能太长，时间一长，保持原来趋势的能力将下降。经验告诉我们，持续时间应该短于 3 周。

③旗形形成之前和被突破之后，成交量都很大。在旗形的形成过程中，成交量从左向右逐渐减少。

（2）楔形

如果将旗形中上倾或下倾的平等四边形变成上倾或下倾的三角形，就会得到楔形。楔形可分为上升楔形和下降楔形两种。上升楔形是指股价经过一次下跌后产生强烈技术性反弹，价格升至一定水平后又掉头下落，但回落点比前次高，然后又上升至新高点，再回落，在总体上形成一浪高于一浪的势头。如果把短期高点相连，形成一向上倾斜直线，且两者呈收敛之势。

在楔形形成过程中，成交量渐次减少；在楔形形成之前和突破之后，成交量一般都很大。与旗形的另一个不同是，楔形形成所花费的时间较长，一般需要 2 周以上的时间方可完成。

（四）缺口

缺口，通常又称为跳空，是指证券价格在快速大幅波动中没有留下任何交易的一段真空区域。缺口的宽度表明这种运动的强弱。一般来说，缺口愈宽，运动的动力愈大；反之，则愈小。不论向何种方向运动所形成的缺口，都将成为日后较强的支撑或阻力区域，不过这种支撑或阻力效能依不同形态的缺口而定。缺口划分为四种：普通缺口、突破缺口、持续性缺口、消耗性缺口。

1. 普通缺口

它经常出现在股价整理形态中，特别是出现在矩形或对称三角形等整理形态中。普通缺口的特征：3 日内回补，成交量小，很少有主动的参与者。普通缺口的这种短期内必补的特征，给投资者短线操作带来了一个机会。

2. 突破缺口

突破缺口是证券价格向某一方向急速运动，跳出原有形态所形成的缺口。突破缺口形态确认以后，无论价位（指数）的升跌情况如何，投资者都必须立即做出买入或卖出的指令，即向上突破缺口被确认立即买入；向下突破缺口被确认立即卖出，因为突破缺口一旦形成，行情走势必将向突破方向纵深发展。

3. 持续性缺口

它是在证券价格向某一方向有效突破之后，由于急速运动而在途中出现的缺口，它是一个趋势的持续信号。持续性缺口一般不会在短期内被封闭。

4. 消耗性缺口

一般发生在行情趋势的末端，表明股价变动的结束。消耗性缺口容易与持续性缺口混淆，它们的最大区别是：消耗性缺口出现在行情趋势的末端，而且伴随着大的成交量。

（五）应用形态理论应注意的问题

（1）站在不同的角度，不同的形态会有不同的解释；

（2）进行实际操作时，要求形态完全明朗才能行动。

十二、波浪理论

（一）波浪理论的形成历史及其基本思想

1. 波浪理论的形成过程

波浪理论的全称是艾略特波浪理论。波浪理论以周期理论为基础。

2. 波浪理论的基本思想

艾略特认为，由于证券市场是经济的晴雨表，而经济发展具有周期性，所以股价的上涨和下跌也应该遵循周期发展的规律。不过股价波动的周期规律比经济发展的周期要复杂得多。每个周期都是由上升（或下降）的5个过程和下降（或上升）的3个过程组成。艾略特不仅找到了股价移动的规律，而且还找到了股价移动发生的时间和位置，这是波浪理论较之于道氏理论更为优越的地方。艾略特波浪理论中所用到的数字2、3、5、8、13、21、34……都来自斐波那奇数列。

（二）波浪理论考虑的因素

波浪理论考虑的因素有三个方面：

（1）股价走势所形成的形态；

（2）股价走势图中各个高点和低点所处的相对位置；

（3）完成某个形态所经历的时间长短。

简单地概括为：形态、比例和时间。

（三）波浪理论的应用及其应注意的问题

首先要明确当前所处的位置；要认真准确地识别3浪结构和5浪结构。

十三、趋势型指标

1. MA（移动平均线）

MA是指用统计分析的方法，将一定时期内的证券价格（指数）加以平均，并把不同时间的平均值连接起来，形成一根MA，用以观察证券价格变动趋势的一种技术指标。

（1）MA的计算公式

移动平均线可分为算术移动平均线（SMA）、加权移动平均线（WMA）和指数平滑移动平均线（EMA）三种。根据计算期的长短，MA 又可分为短期、中期和长期移动平均线。通常以 5 日、10 日线观察证券市场的短期走势，称为“短期移动平均线”；以 30 日、60 日线观察中期走势，称为“中期移动平均线”；以 13 周、26 周研判长期趋势，称为“长期移动平均线”。西方投资机构重视 200 天移动平均线，并以此作为长期投资的依据：若行情在 200 天均线以下，属空头市场；反之，为多头市场。

（2）MA 的特点

MA 的基本思想是消除股价随机波动的影响，寻求股价波动的趋势。它有以下几个特点：

①追踪趋势。MA 能够表示股价的趋势方向，并追踪这个趋势。如果能从股价的图表中找出上升或下降趋势，那么，MA 将与趋势方向保持一致。原始数据的股价图表不具备这个追踪趋势的特性。

②滞后性。在股价原有趋势发生反转时，由于 MA 追踪趋势的特征，使其行动往往过于迟缓，调头速度落后于大趋势。这是 MA 一个极大的弱点。

③稳定性。根据移动平均线的计算方法，要想较大地改变移动平均的数值，当天的股价必须有很大的变化，因为 MA 是股价几天变动的平均值。

④助涨助跌性。当股价突破移动平均线时，无论是向上还是向下突破，股价都有继续向突破方向发展的愿望。

⑤支撑线和压力线的特性。

（3）MA 的应用法则——葛兰威尔法则（简称“葛氏法则”）

在 MA 的应用上，最常见的是葛兰威尔的“移动平均线八大买卖法则”。葛氏法则的内容是：平均线从下降开始走平，股价从下上穿平均线（①点处）；股价跌破平均线，但平均线呈上升态势（②点处）；股价连续上升远离平均线，突然下跌，但在平均线附近再度上升（③点处）；股价跌破平均线，并连续暴跌，远离平均线（④点处）。以上 4 种情况均为买入信号。

移动平均线呈上升状态，股价突然暴涨且远离平均线（⑤点处）；平均线从上升转为盘局或下跌，而股价向下跌破平均线（⑥点处）；股价走在平均线之下，且朝着平均线方向上升，但未突破平均线又开始下跌（⑦点处）；股价向上突破平均线，但又立刻向平均线回跌，此时平均线仍持续下降（⑧点处）。以上 4 种情况均为卖出信号。

葛氏法则的不足是没有明确指出投资者在股价距平均线多远时才可以买进卖出，这可用后面的乖离率指标弥补。

（4）MA 的组合应用

①“黄金交叉”与“死亡交叉”。

当现在价位站稳在长期与短期 MA 之上，短期 MA 向上突破长期 MA 时，为买进信号，此种交叉被称为“黄金交叉”；反之，若现在行情价位于长期与短期 MA 之下，短期 MA 又向下突破长期 MA 时，则为卖出信号，此种交叉被称为“死亡交叉”。

②长、中、短期移动平均线的组合使用。

2. MACD（指数平滑异同移动平均线）

（1）MACD 的计算公式

MACD 由正负差（DIF）和异同平均数（DEA）两部分组成，DIF 是核心，DEA 是辅助。

DIF 是快速平滑移动平均线与慢速平滑移动平均线的差。

DIF＝EMA（12）-EMA（26）

（2）MACD 的应用法则

第一，以 DIF 和 DEA 的取值和这两者之间的相对取值对行情进行预测。其应用法则如下：

（1）DIF 和 DEA 均为正值时，属多头市场。DIF 向上突破 DEA 是买入信号。

（2）DIF 和 DEA 均为负值时，属空头市场。DIF 向下突破 DEA 是卖出信号。

（3）当 DIF 向下跌破 0 轴线时，为卖出信号。

第二，指标背离原则。

MACD 的优点是剔除了 MA 频繁的买入、卖出信号，缺点是在股市没有明显趋势而进入盘整时，失误的时候较多。

十四、超买、超卖型指标

1. WMS（威廉指标）

威廉指标 WMS 起源于期货市场。

（1）WMS 的计算公式：

$$\mathrm{WMS}(n)=\frac{H_n - C_t}{H_n - L_n}\times 100$$

（2）应用法则：

从两方面考虑：

一是 WMS 的数值大小。

如果 WMS 的值比较小，则当天的价格处在相对较高的位置，要提防回落；如果 WMS 的值较大，则说明当天的价格处在相对较低的位置，要注意反弹。WMS 的取值范围为 0~100。

当 WMS 高于 80 时，处于超卖状态，行情即将见底，应当考虑买进。

当 WMS 低于 20 时，处于超买状态，行情即将见顶，应当考虑卖出。

二是 WMS 曲线的形状。

这里介绍背离原则以及撞顶和撞底次数的原则。

①在 WMS 进入低数值区位后（此时为超买），一般要回头。如果这时股价还继续上升，就会产生背离，是卖出的信号。

②在 WMS 进入高数值区位后（此时为超卖），一般要反弹。如果这时股价还继续下降，就会产生背离，是买进的信号。

③WMS 连续几次撞顶（底），局部形成双重或多重顶（底），则是卖出（买进）的信号。

2. KDJ（随机指标）

（1）KDJ 指标的计算公式

产生 KD 以前，先产生未成熟随机值 RSV（Row Stochastic Value）。其计算公式为：

RSV 值 =100×(第 7 日收盘价-7 日内最低价)/(7 日内最高价-7 日内最低价)

$$K\text{值} = \text{当日 RSV} \times 1/3 + \text{前一日 } K\text{值} \times 2/3$$

$$D\text{值} = \text{当日 } K\text{值} \times 1/3 + \text{前一日 } D\text{值} \times 2/3$$

上式中，1/3 为平滑因子，可以改成别的数字，同样已成约定，1/3 也已经固定。可见，J 是 D 加上一个修正值。J 的实质是反映 D 和 D 与 K 的差值。在介绍 KD 时，往往还附带一个 J 指标。其计算公式为：

$$J=3D-2K=D+2(D-K)$$

（2）KDJ 的应用法则

①从 KD 的取值方面考虑。KD 的取值范围为 0~100，将其划分为几个区域：80 以上为超买区，20 以下为超卖区，其余为徘徊区。

当 KD 超过 80 时，是卖出信号；当 KD 低于 20 时，是买入信号。应该说明的是，上述划分只是 KD 指标应用的初步过程，仅仅是信号，完全按这种方法进行操作很容易造成损失。

②从 KD 指标曲线的形态方面考虑。当 KD 指标在较高或较低的位置形成头肩形和多重顶（底）时，是采取行动的信号。这些形态一定要在较高位置或较低位置出现，位置越高或越低，结论越可靠。

③从 KD 指标的交叉方面考虑。

以 K 线从下向上与 D 线交叉为例：K 线上穿 D 线是金叉，为买入信号。但是出现了金叉是否应该买入，还要看别的条件。

第一个条件是金叉的位置应该比较低，是在超卖区的位置，越低越好。第二个条件是与 D 线相交的次数。有时在低位，K 线、D 线要来回交叉好几次。交叉的次数以 2 次为最少，越多越好。第三个条件是交叉点相对于 K、D 线低点的位置，这就是常说的“右侧相交”原则。K 线是在 D 线已经抬头向上时才同 D 线相交，比 D 线还在下降时与之相交要可靠得多。

④从 KD 指标的背离方面考虑。从 KD 指标的背离方面考虑：当 KD 处在高位或低位，如果出现与股价走向的背离，则是采取行动的信号。当 KD 处在高位，并形成两个依次向下的峰，而此时股价还在一个劲地上涨，这叫顶背离，是卖出的信号；与之相反，KD 处在低位，并形成一底比一底高，而股价还继续下跌，称为底背离，是买入信号。

3. RSI（相对强弱指标）

RSI 以一定时期内股价的变动情况推测价格未来的变动方向，并根据股价涨跌幅度显示市场的强弱。

（1）RSI 的计算公式

$$\mathrm{RSI}(n) = [A/(A + B)] \times 100$$

上式中：A——n 日中股价向上波动的大小；

B——n 日中股价向下波动的大小；

$A+B$—— 股价总的波动大小。

RSI 的参数是天数 n，一般取 5 日、9 日、14 日等。RSI 的取值范围介于 0~100。

（2）RSI 的应用法则

①根据 RSI 取值的大小判断行情。将 100 分成四个区域，根据 RSI 的取值落入的区域进行操作（见表 2.2）。

表 2.2　RSI 取值判断行情表

RSI 值	市场特征	投资操作
80~100	极强	卖出
50~80	强	买入
20~50	弱	卖出
0~20	极弱	买入

“极强”与“强”的分界线和“极弱”与“弱”的分界线是不明确的，它们实际上是一个区域。比如，也可以取 30、70 或者 15、85。应该说明的是，分界线位置的确定与 RSI 的参数和选择的股票有关。一般而言，参数越大，分界线离 50 越近；股票越活跃，RSI 所能达到的高度越高，分界线离 50 应该越远。

②两条或多条 RSI 曲线的联合使用。我们称参数小的 RSI 为短期 RSI，参数大的 RSI 为长期 RSI。两条或多条 RSI 曲线的联合使用法则与两条均线的使用法则相同。即：短期 RSI >长期 RSI，应属多头市场；短期 RSI<长期 RSI，则属空头市场。

③从 RSI 的曲线形状判断行情。当 RSI 在较高或较低的位置形成头肩形和多重顶（底），是采取行动的信号。这些形态一定要出现在较高位置和较低位置，离 50 越远，结论越可靠。

④从 RSI 与股价的背离方面判断行情。RSI 处于高位，并形成一峰比一峰低的两个峰，而此时，股价却对应的是一峰比一峰高，为顶背离，是比较强烈的卖出信号。与此相反的是底背离：RSI 在低位形成两个底部抬高的谷底，而股价还在下降，是可以买入的信号。

4. BIAS（乖离率指标）

BIAS 是测算股价与移动平均线偏离程度的指标。其基本原理是：如果股价偏离移动平均线太远，不管是在移动平均线上方或下方，都有向平均线回归的要求。

（1）BIAS 的计算公式：

n 日乖离率 =（当日收盘价 − n 日移动平均数）/n 日移动平均数 × 100%

$$\text{BIAS}(n)=\frac{C_t-\text{MA}(n)}{\text{MA}(n)}\times 100\%$$

（2）BIAS 的应用法则：

①从 BIAS 的取值大小和正负考虑。一般来说，正的乖离率愈大，表示短期多头的获利愈大，获利回吐的可能性愈高；负的乖离率愈大，则空头回补的可能

性也愈高。

对于综合指数：BIAS(10) >30%为抛出时机，BIAS(10)<-10%为买入时机；

对于个股：BIAS（10）>35%为抛出时机，BIAS（10）<-15%为买入时机。

②从 BIAS 的曲线形状方面考虑。形态学和切线理论在 BIAS 也可以适用，主要是顶背离和底背离的原理。

③从两条 BIAS 线结合方面考虑。当短期 BIAS 在高位下穿长期 BIAS 时，是卖出信号；在低位，短期 BIAS 上穿长期 BIAS 时是买入信号。

十五、人气型指标

1. PSY（心理线指标）

PSY 是将一定时期内投资者看多或看空的心理事实转化为数值，来研判股价未来走势的技术指标。

（1）PSY 的计算公式：

$$PSY(N)=(A/N)\times 100$$

PSY 的取值范围是 0~100，以 50 为中心，50 以上是多方市场，50 以下是空方市场。

（2）PSY 的应用法则：

①在盘整局面，PSY 的取值应该在以 50 为中心的附近，上下限一般定为 25 和 75。PSY 取值在 25~75 说明多空双方基本处于平衡状况。如果 PSY 的取值，超出了这个平衡状态，就是超买或超卖，我们就应该注意了，准备采取行动。

②PSY 的取值如果高得过头或低得过头，都是行动的信号。一般说来，如果 PSY 90 这两种极端低和极端高的局面出现，就可以不考虑别的因素而单独采取买入和卖出行动。

③当 PSY 的取值第一次进入采取行动的区域时，往往容易出错，要等到第二次出现行动信号时，才保险。这一条本来是对全部技术分析方法都应该说明的，但这一条对 PSY 来说尤为重要。几乎每次 PSY 行动都要求 PSY 进入高位或低位两次才能真正称得上是安全的。第一次低于 25 或高于 75，就采取买入或卖出行动，一般都会出错。

④PSY 的曲线如果在低位或高位出现大的 W 底或 M 头也是买入或卖出的行动信号。别的形态对 PSY 也适用。

⑤PSY 线一般最好同股价曲线相配合使用，这样更能从股价的变动中了解超买或超卖的情形。我们常碰到的背离现象在 PSY 中也是适用的。

2. OBV（能量潮指标）

（1）OBV 不能单独使用，必须与股价曲线结合使用才能发挥作用。

（2）当 OBV 曲线与股价走势出现背离现象时，则可用于判断目前市场状况中是否存在机构大户“收集”或“派发”筹码的情况。所谓“收集”意指机构做手暗地里在市场中一边出货打压行情，一边吃货，实际上是出少进多；而“派发”则指机构做手暗地逢高卖出、逢低买进，实际上是出多进少。因此，OBV 曲线则能帮助投资者推测市场状况是否处在“收集阶段”或“派发阶段”。

(3) OBV 曲线的上升和下降对进一步确认当前股价的趋势有很重要的作用。

①当股价上升而 OBV 曲线也跟随上升时，可确认当前是上升趋势。

②当股价上升但 OBV 并未相应地上升，则投资者应对目前的上升趋势持谨慎观望的态度，因为 OBV 与股价背离的现象已提前告诉我们上升趋势的后劲已不足，随时有反转的可能。

③当股价下跌而 OBV 线上升时，表明有大户在收集筹码，下档承接力强，股价随时有可能止跌回升。当股价下跌而 OBV 曲线也跟随下跌时，可确认当前是下降趋势，表明大主力在逐步“派发”，应立即离场观望。

十六、中国股票交易实务

(一) 交易所的申报和交易时间

上海证券交易所和深圳证券交易所都规定，交易日为每周一至周五。上海证券交易所规定，接受会员竞价交易申报的时间为每个交易日 9:15 - 9:25、9:30 - 11:30、13:00 -15:00。每个交易日 9:20- 9:25 的开盘集合竞价阶段，上海证券交易所交易主机不接受撤单申报。深圳证券交易所则规定，接受会员竞价交易申报的时间为每个交易日 9:15- 11:30、13:00 -15:00。每个交易日 9:15-9:25、14:57-15:00，深圳证券交易所交易主机不接受参与竞价交易的撤销申报做处理。

(二) 股票交易费用

1. 佣金

佣金是投资者在委托买卖证券成交后按成交金额一定比例支付的费用，是证券公司为客户提供证券代理买卖服务收取的费用。证券公司向客户收取的佣金不得高于证券交易金额的3‰，也不得低于代收的证券交易监管费和证券交易所手续费等。A 股证券投资基金每笔交易佣金不足 5 元的，按 5 元收取；B 股每笔交易佣金不足 1 美元或 5 港元的，按 1 美元或 5 港元收取。

2. 过户费

过户费是委托买卖的股票、基金成交后，买卖双方为变更证券登记所支付的费用。这笔收入属于登记结算公司的收入。

在上海证券交易所，A 股的过户费为成交面额的千分之一，起点为 1 元；在深圳证券交易所，免收 A 股的过户费。对于 B 股，这项费用称为“结算费”。在上海证券交易所为成交金额的 0.5‰；在深圳交易所亦为成交金额的 0.5‰，但最高不超过 500 港元。基金交易目前不收过户费。

3. 印花税

股票交易印花税是从普通印花税发展而来的，是专门针对股票交易发生额征收的一种税。中国税法规定，对证券市场上买卖、继承、赠予所确立的股权转让依据，按确立时实际市场价格计算的金额征收印花税。股票交易印花税对于中国证券市场，是政府增加税收收入的一个手段。2008 年 9 月 19 日起，由双边征收改为单边征收，税率保持 1‰。由出让方按 1‰的税率缴纳股票交易印花税，受让方不再征收。

（三）股票的竞价原则

证券交易所内的证券交易按“价格优先、时间优先”原则竞价成交。

1. 价格优先

成交价格优先的原则为：较高的价格买入申报优先于低价格买入申报，较低价格卖出申报优先于较高卖出申报。

2. 时间优先

成交时间优先的原则：买卖方向，价格相同的，先申报者优先于后申报者。先后顺序按交易主机接受申报的时间确定。

（四）股票的竞价方式

目前，我国证券市场采用两种竞价方式：集合竞价方式和连续竞价方式。

上海证券交易所规定，采用竞价交易方式的，每个交易日的9:15-9:25为开盘集合竞价时间，9:30-11:30、13:00 -15:00为连续竞价时间。深圳证券交易所规定，采用竞价交易方式的，每个交易日的9:15-9:25为开盘集合竞价时间，9:30-11:30、13:00-14:57为连续竞价时间，14:57-15:00为收盘集合竞价时间。

1. 集合竞价

所谓集合竞价，是指对在规定的一段时间内接受的买卖申报一次性集中撮合的竞价方式。根据我国证券交易所的相关规定，集合竞价确定成交价的原则为：

（1）可实现最大成交量的价格；

（2）高于该价格的买入申报与低于该价格的卖出申报全部成交的价格；

（3）与该价格相同的买方或卖方至少有一方全部成交的价格。

如有两个以上申报价格符合上述条件的，深圳证券交易所取得距前收盘价最近的价位为成交价。上海证券交易所规定使未成交量小的申报价格为成交价格，若有两个以上使未成交量最小的申报价格符合上述条件的，其中中间价为成交价。集合竞价的所有交易以同一价格成交。

进行集中撮合处理。所有买方有效委托限价由高到低的顺序排列，限价相同者按照进入交易系统电脑主机的时间先后排列。依序逐笔将排在前面的买方委托配对成交。

2. 连续竞价

连续竞价是指对买卖申报逐笔连续撮合的竞价方式。连续竞价阶段的特点是每一笔买卖委托输入电脑自动撮合系统后，当即判断并进行不同的处理：能成交者予以成交，不能成交者等待机会成交，部分成交者则让剩余部分继续等待。

（1）连续竞价时，成交价格的确定原则为：

①最高买入申报与最低卖出申报价为相同，以该价格为成交。

②买入申报价格高于即时揭示的最低卖出申报价格时，以即时揭示的最低卖出申报价格为成交价。

③卖出申报价格低于即时揭示的最高买入申报价格时，以即时提示的最高买

入申报价格为成交价。

（2）实行涨跌幅限制的证券的有效申报范围。根据现行制度规定，无论买入或卖出，股票（含 A、B 股）、基金类在 1 个交易日内的交易价格相对上一交易日收市价格的涨跌幅都不得超过 10%，其中 ST 股票 * ST 股票价格涨跌幅比例都为 5%。涨跌幅价格的计算公式为（计算结果四舍五入至价格最小变动单位）：

涨跌幅价格=前收盘价×（1±涨跌幅比例）

买卖有价证券涨跌幅限制的证券，在价格涨跌幅限制内的申报为有效申报，超过涨跌幅限制的申报为无效申报。

（3）不实行涨跌幅限制的证券的有效申报价格范围。对于无价格涨跌幅限制的证券，我国证券交易所规定，属于下列情形之一的，首个交易日不实行价格涨跌幅限制：

①首次公开发行上市的股票（上海证券交易所还包括封闭式基金）；

②发上市的股票；

③暂停上市后恢复上市的股票；

④证券交易所或中国证监会认定的其他情形。

（五）股票的开盘价与收盘价

1. 开盘价

根据我国现行的交易规则，证券交易所证券交易的开盘价为当日该证券的第一笔成交价。证券的开盘价通过集合竞价方式产生。不能产生开盘价的，以连续竞价方式产生。按集合竞价产生开盘价后，未成交的买卖申报仍然有效，并按原申报顺序自动进入连续竞价。

2. 收盘价

上海证券交易所证券交易的收盘价为当日该证券最后一笔交易前 1 分钟所有交易日的成交量加权平均价。当日无成交的，以前收盘价为当日收盘价。

深圳证券交易所证券的收盘价通过集合竞价的方式产生。收盘价集合竞价不能产生收盘价的，以当日该证券最后一笔交易前一分钟所有交易的成交量加权平均价为收盘价。当日无成交的，以前收盘价为当日收盘价。

（六）零股的交易

不足 100 股的股票为零股。零股可以进行委托卖出，但不能进行委托买入，交易原则是零股只能一次性地委托卖出。

（七）买卖上市证券应注意的事项

投资者买卖证券时，应注意不同品种的报价单位，A、B 股以股数，基金按基金单位。在委托买卖证券时，通常以“手”为委托单位。A 股、B 股及基金的一手为 100 股或 100 元面值。委托买入量为每手的倍数。如有低于一手的零股需要卖出，则需一次性委托卖出，不能分次委托。债券现货、可转换债券和回购每手为 1 000 元面值。

（八）不能撤销的委托

一般日常的股票交易都可以采取撤单的办法，但根据交易所的规定，以下两种情况不能撤单：

（1）申购新股；

（2）将可转换债券转换成股票；

【实训内容】

1. 熟练掌握证券交易系统的基本操作方法。

2. 熟练掌握证券交易的基本常识和证券交易的基本规定。

3. 理解和掌握 K 线理论，并灵活运用和掌握 K 线理论与证券投资机会。

4. 根据形态理论知识，了解价格波动的规律和一些基本的形态类型，把握形态理论与证券市场趋势的关系，并灵活运用和掌握形态理论与证券投资机会。

5. 根据波浪理论的基本知识，了解波浪理论在证券市场行情分析中的具体作用及其不足。把握波浪理论与证券市场趋势的关系，并灵活运用和掌握波浪理论与证券投资机会。

6. 技术分析中常见技术指标有哪些，这些指标的基本含义、构成以及简单运用。

7. 熟练掌握技术指标的基本原理和应用法则，判别证券市场运行趋势，把握证券投资机遇。

8. 运用证券交易模拟系统进行证券交易。

9. 掌握证券市场价格指数走势分析的基本方法。

10. 掌握证券市场单个股票价格走势分析的基本方法。

【实训步骤】

1. 登录投资理财规划教学平台。学生打开 http://120.25.130.17:7020 智盛个人理财教学实训平台，打开“投资规划”，选择“股票”，阅读实验任务描述、背景资料。见图 2.3、图 2.4、图 2.5。

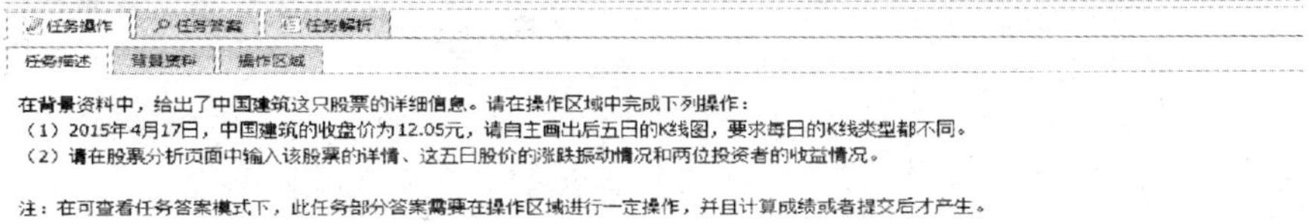

图 2.3　投资规划任务描述

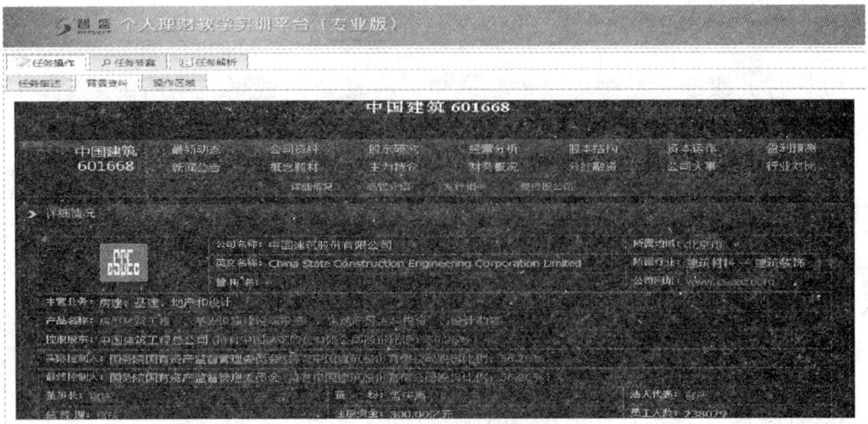

图 2.4　投资规划背景资料 1

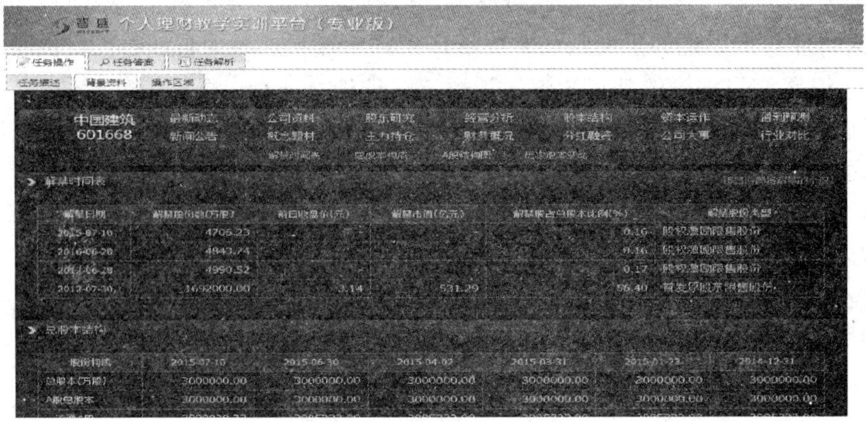

图 2.5　投资规划背景资料 2

2. 在操作区域完成 K 线的绘制。见图 2.6。

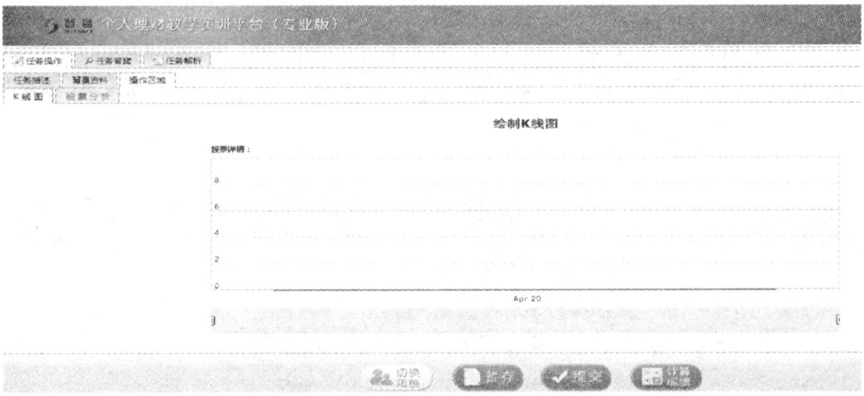

图 2. 6　投资规划操作区域

【实训思考】

1. 你用过的金融投资理财工具有哪些？

2. 在投资理财中金融投资理财工具各自的投资特点及风险怎样？

3. 目前我国金融投资理财产品有哪些？

4. 巴菲特的投资原则：第一，保住本金；第二，保住本金；第三，永远记住第一和第二的原则。谈谈你对这句话的理解和你的投资经历。

实训五　家庭风险管理

【实训目的与要求】

1. 掌握保险的基本定义。
2. 掌握保险合同的概念。
3. 掌握保险合同的要素。
4. 掌握家庭财产保险的基本内容。
5. 掌握理财型家庭财产保险的基本类型。
6. 了解人身保险产品的种类。
7. 了解财产保险产品的种类。
8. 了解制订保险规划的原则。
9. 掌握保险产品与投资理财的关系。
10. 掌握保险产品投资理财的作用和效果。
11. 理解保险规划的主要步骤。
12. 了解保险规划的风险。

【实训准备知识】

一、保险理财相关概念

（一）风险管理与保险规划

风险管理是一个组织或个人用以降低风险负面影响（消极结果）的决策过程。

保险规划是风险实施有效控制和妥善处理风险所致损失的后果，以尽量小的成本去争取最大的安全保障和经济利益的行为。

（二）风险衡量的三项内容

1. 人身风险衡量

人身风险衡量包括三种情况，即生理死亡（工作期间生命提前死亡）、生存死亡（工作期间永久全残）及退休死亡（达到退休年龄出现的死亡）。其可以通过生命价值法、需求法和资本保留法计算。

2. 财产风险衡量

财产风险衡量包括财产直接损失及间接经济损失，指标包括实际现金价值、重置成本、相关费用等。

3. 责任风险衡量

责任风险衡量取决于意外事故的严重程度及法院判决的损失赔偿金，最大可能的责任损失可以个人累计财富为限。

（三）人身风险衡量的三种方法

人身风险衡量的三种方法包括：

（1）生命价值法。预期未来收入的现值就是人身风险的生命价值。

（2）需求法。将家庭经济支柱死亡的财务需求转换为投保人的保险金额。需求包括遗产处理费用、重新调整生活需求、依赖期的需求（直到家庭最小成员成年）、特别需求（房屋按揭、教育经费、应急基金）、退休需求（用人寿保险补充社保不足）。

（3）资本保留法。估算替代收入的资本需求。用保险赔偿费用投资，按照合适的收益率，产生的收益与风险发生前的收入基本相符。

二、保险的相关概念

（一）保险

《中华人民共和国保险法》（以下简称《保险法》）将保险定义为："投保人根据合同约定，向保险人支付保险费，保险人对于合同约定的可能发生的事故因其发生造成的财产损失承担赔偿保险金责任，或者当被保险人死亡、伤残、疾病或者达到合同约定的年龄、期限时承担给付保险金责任的商业保险行为。"

从经济角度看，保险是分摊意外事故损失的一种财务安排；从法律角度看，保险是一种合同行为，是一方同意补偿另一方损失的一种合同安排；从社会角度看，保险是社会经济保障制度的重要组成部分，是社会生产和社会生活"精巧的稳定器"；从风险管理角度看，保险是风险管理的一种方法。

保险规划具有风险转移和合理避税的功能。

（二）保险主体

保险主体，就是保险合同的主体，只包括投保人与保险人。被保险人、受益人、保单所有人，除非与投保人是同一人，否则，都不是保险主体。

投保人，是指与保险人订立保险合同，并按照保险合同负有支付保险费义务的人。投保人可以是自然人也可以是法人，但必须具有民事行为能力。

保险人，又称"承保人"，是指与投保人订立保险合同，并承担赔偿或者给付保险金责任的保险公司。在中国有股份有限公司和国有独资公司两种形式。保险人是法人，公民个人不能作为保险人。

被保险人，是指根据保险合同，其财产利益或人身受保险合同保障，在保险事故发生后，享有保险金请求权的人。投保人往往同时就是被保险人。

受益人，是指人身保险合同中由被保险人或者投保人指定的享有保险金请求权的人。投保人、被保险人可以为受益人。如果投保人或被保险人未指定受益人，则他的法定继承人即为受益人。保单所有人，拥有保险利益所有权的人，很多时候是投保人也可以是保单受益人。

（三）保险客体

保险客体，即保险合同的客体，并非保险标的本身，而是投保人或被保险人对保险标的的可保利益。

可保利益，是投保人或被保险人对保险标的所具有的法律上承认的利益。这主要是因为保险合同保障的不是保险标的本身的安全，而是保险标的受损后投保人或被保险人、受益人的经济利益。保险标的只是可保利益的载体。

（四）保险标的

保险标的即保险对象，人身保险的标的是被保险人的身体和生命，而广义的财产保险是以财产及其有关经济利益和损害赔偿责任为保险标的的保险。其中，财产损失保险的标的是被保险的财产，责任保险的标的是被保险人所要承担的经济赔偿责任，信用保险的标的是被保险人的信用导致的经济损失。

（五）保险费率

保险费率是保险费与保险金额的比例，保险费率又被称为保险价格。通常以每百元或每千元保险金额应缴纳的保险费来表示。保险公司所必须支付的预定利率将会拿来与市场上的借款利率相比较。

（六）保险利益

保险利益是指投保人对保险标的具有的法律上承认的利益。通常投保人会因为保险标的的损害或者丧失而遭受经济上的损失，因为保险标的的保全而获得收益。只有当保险利益是法律上认可的，经济上的，确定的而不是预期的利益时，保险利益才能成立。一般来说，财产保险的保险利益在保险事故发生时存在，这时才能补偿损失；人身保险的保险利益必须在订立保险合同时存在，用来防止道德风险。

以寿险为例，投保人对自身及其配偶具有无限的可保权益，在一些国家、地区，投保人与受保人如有血缘关系，也可构成可保权益。另外，债权人对未还清贷款的债务人也具有可保权益。

其成立条件是：保险利益必须是合法的利益，保险利益必须是经济上有价的利益，保险利益必须是确定的利益，保险利益必须是具有利害关系的利益。

（七）保险价值

保险价值是保险标的物的实际价值。根据我国《保险法》规定，投保人和保险人约定保险标的保险价值并在合同中载明的，保险标的发生损失时，以约定的保险价值为赔偿计算标准。

投保人和保险人未约定保险标的的保险价值的，保险标的发生损失时，以保险事故发生时保险标的的实际价值为赔偿计算标准。简单说来，保险价值可由三种方法确定：

（1）根据法律和合同法的规定，法律和合同法是确定保险价值的根本依据。

（2）根据保险合同和双方当事人约定。有些保险标的物的保险价值难以衡量，比如人寿保险，健康保险，人的身体和寿命无法用金钱来衡量，则其保险价值以双方当事人约定。

（3）根据市价变动来确定保险价值。一些保险标的物的保险价值并非一直不变的。大多数标的物也会随着时间延长而折旧，其保险价值呈下降趋势。

（八）保险合同

保险合同是投保人与保险人约定保险权利义务关系的协议。投保人是指与保险人订立保险合同，并按照合同约定负有支付保险费义务的人。保险人是指与投保人订立保险合同，并按照合同约定承担赔偿或者给付保险金责任的保险公司。

三、制定保险规划的原则

客户参加保险的目的就是为了客户和家庭生活的安全，稳定。从这个目的出发，银行从业人员为客户设计保险规划时主要应掌握以下原则：

（一）转移风险的原则

投保是为了转移风险，在发生保险事故时可以获得经济补偿。从这个原则出发，必须首先分析家庭的主要风险是什么，怎样合理地把这些风险通过保险规划进行转移。

（二）量力而行的原则

保险是一种契约行为，属于经济活动范畴，客户作为投保人必须支付一定的费用，即以保险费来获得保险保障。投保的险种越多，保障范围越大。但保险金额越高，保险期限越长，需支付的保险费也就越多，因此为客户设计保险规划时要根据客户的经济实力量力而行。

（三）分析客户保险需要

在制定保险规划前应考虑以下三个因素：一是适应性。根据客户需要保障的范围来考虑购买的险种。二是客户经济支付能力。三是选择性。在有限的经济能力下，为成人投保比为儿女投保更实际，特别是对家庭的“经济支柱”来讲更是如此。

四、保险的分类

保险按保险标的进行分类，可以分为财产保险和人身保险；按保险保障的范围分类，又可分为财产保险、责任保险、信用保证保险和人身保险。

（一）财产保险

财产保险是以物质财产及其相关利益和责任作为保险标的的保险类别。广义的财产保险除了物质财产以外，还包括责任保险和信用保证保险。

1. 家庭财产保险

（1）普通家庭财产保险

这是对被保险人所有的相对静止状态下的财产物资进行承保，但不包括贵重物品、有价证券、技术资料等资产。该险种的保险责任范围较宽，包括了火灾、爆炸、冰雹、地震等各种自然灾害，但不包括战争、军事行动或暴力行为等带来的损害。

（2）家庭财产两全保险

这种保险的承保范围和保险责任与普通家财险相同，但是这种保险具有灾害补偿和储蓄的双重性质。投保时，投保人缴纳保险储金，储金的利息作为保费，保险期满时，无论在保险期内是否发生赔付，保险储金均返还投保人，这样家庭财产和保险储金即获得两全。

（3）附加盗窃险

盗窃保险虽然是一项附加责任，却是家庭财产保险中的重要内容。只要投保了附加盗窃险，保险人就对存放于保险地址室内的保险财产遭受的外来的、有明显痕迹的盗窃损失承担赔付责任，但对被保险人及其家庭成员、服务人员、寄居人员的盗窃和纵容他人盗窃所致保险财产的损失不负责任。

2. 责任保险

责任保险是以被保险人依法或依契约应对第三者承担的经济赔偿责任为保险标的的一种保险。个人由于疏忽、过失等行为造成他人的损害，根据法律或契约应对受害人承担赔偿责任的都可以投保相关的责任保险，将其面临的责任风险转嫁给保险公司。

3. 信用保证保险

信用保证保险是由保险人作为保证人为被保证人向权利人提供担保的一类保险业务。当被保险人的作为或不作为致使权利人遭受经济损失时，保险人负经济赔偿责任。

4. 人身保险

人身保险是指以人的身体与寿命作为保险标的的保险，又可细分为人寿保险、健康保险、意外伤害保险、年金保险。详细保险品类如图 2.7 所示。

- 人身保险
  - 人寿保险
    - 传统寿险
      - 终身保险
      - 定期保险
      - 两全保险
    - 投资型寿险
      - 分红保险
      - 投资连结保险
      - 万能保险
  - 年金保险
  - 健康保险
    - 疾病保险
    - 医疗保险
    - 失能收入损失保险
    - 护理保险
  - 意外伤害保险

图 2.7　人身保险分类

5. 社会保险

社会保险是指在既定的社会政策下，由国家通过立法手段对公民强制征收保险费，形成保险基金，用以为其中因年老、疾病、生育、伤残、死亡和失业而导致丧失劳动能力或失去工作机会的成员提供基本生活保障的一种社会保障制度。它不以营利为目的，运行中若出现赤字，国家财政将会给予支持。社会保险具有强制性，经办者以财政支持作为后盾。

五、人寿保险的需求分析

人类对安全保障的追求是一致的，安全对不同的人有不同的意义。安全是每一个人对于理财规划追求的重要目的，包括人身安全，经济安全，财务安全。只有在合理的经济安全条件下，个人才能在较高的需求层次上有所选择。因此，一个合理的经济安全需求层次能够提供给个人一个更加稳定和谐的生活，并在生命中发现人生更大的意义，实现真正的财务自由。通过保险规划，能够带给个人或家庭获得经济安全的机会。通常人们向往美好的生活，但生活中总会有难以预料的风险发生，导致巨大的经济损失，使人们生活在他们所不愿意的生活方式中。

风险管理与保险规划，使得即使是在家庭重要成员发生死亡、残疾或重大疾病、自然灾害和意外事故导致家庭财产的重大损失的情况下，家庭仍能按照以往的生活方式和生活水平继续生存下去，这是理财规划的重要组成部分。

人寿保险需求分析的步骤如下：

（1）收集信息：收集与个人相关的各类信息。

（2）建立目标：建立一个明确具体的财务目标。

①死亡后准备付清的债务；

②处理死亡的各种费用；

③建立应急基金；

④建立子女教育基金；

⑤建立配偶的生活费用和退休资金。

（3）信息分析：分析一个家庭当其重要成员发生死亡时所可能产生的财务后果。最后算出可使用的资源与需求之间的差额。

【实训内容】

1. 根据保险种类、功能等基础知识，为家庭或个人选择购买保险的种类、估算保险金额和保费，制定保险规划方案。

2. 根据给出的家庭基本信息，运用不同的生命价值法和支出需求法，进行个人人身保险额度的估算。

【实训步骤】

1. 登录投资理财规划教学平台。学生打开 http://120.25.130.17:7020 智盛个人理财教学实训平台，选择“风险管理与保险规划”中的“人身保险额度”，仔细阅读实验任务描述。见图 2.8。

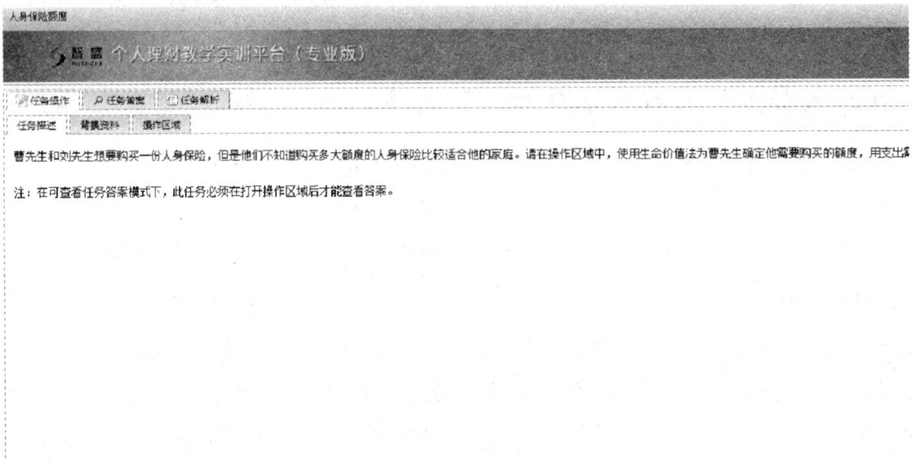

图 2.8　保险规划任务描述

2. 理解并掌握背景资料关于人身保险的两种计算方法。见图 2.9。

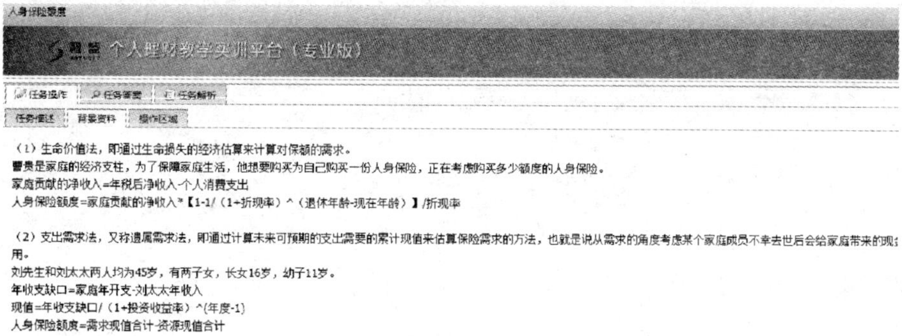

图 2.9　保险规划背景资料

3. 按照实验任务要求，分别按生命价值法和支出需求法在操作区域完成人身保险额度估算。

【实训思考】

1. 利用各个保险公司的网站了解保险公司和保险产品的信息，讨论各个保险公司的特点。

2. 根据你的保险需求，选择合适的保险产品。与同学分享你的选择，并说说原因。

3. 根据生命周期理论，谈谈每个生命阶段适合购买的保险种类和金额。

第三篇

综合实训篇

实训六　宏观经济分析与投资理财

【实训目的与要求】

1. 理解宏观经济分析对投资理财决策的意义。
2. 理解宏观经济变量对投资理财的影响。
3. 理解宏观经济政策对投资理财的影响。
4. 掌握并能正确运用宏观经济原理和分析方法。
5. 学会用实证分析的方法分析宏观经济变量对投资理财的影响。

【实训准备知识】

一、宏观经济分析的意义和方法

（一）宏观经济分析的意义

1. 把握证券市场的总体变动趋势

在证券投资领域中，宏观经济分析非常重要，只有把握住经济发展的大方向，才能做出正确的长期决策；只有密切关注宏观经济因素的变化，尤其是货币政策和财政政策因素的变化才能抓住市场时机。

2. 判断整个证券市场的投资价值

证券市场的投资价值是与国民经济整体素质及其结构变动密切相关。这里的证券市场的投资价值是指整个市场的平均投资价值。不同部门、不同行业与成千上万的不同企业相互影响、互相制约，共同作用于国民经济发展的速度和质量。

3. 掌握宏观经济政策对证券市场的影响力度与方向

证券投资与国家宏观经济政策息息相关。在市场经济条件下，国家通过财政政策和货币政策来调节经济，或挤出泡沫，或促进经济增长，这些政策直接作用于企业，从而影响经济增长速度和企业效益。因此，证券投资必须认真分析宏观经济政策，这无论是对投资者、投资对象，还是对证券业本身乃至整个国民经济的快速健康发展都具有非常重要的意义。

4. 了解转型背景下宏观经济对股市的影响

了解转型背景下宏观经济对股市的影响为什么不同于成熟市场，了解中国股市表现和宏观经济相背离的原因。

（二）宏观经济分析的基本方法及资料搜集

1. 总量分析法

总量分析法是指影响宏观经济运行总量指标的因素及其变动规律的方法。总量分析主要是动态分析，同时，也包括静态分析。总量是反映整个社会经济活动状态的经济变量。它包括两个方面：一是个量的总和；二是平均量或比例量。

2. 结构分析法

结构分析法是指对经济系统中各组成部分及其对比关系变动规律的分析，主要是静态分析。总量分析和结构分析是相互联系的。总量分析侧重于动态（速度），结构分析侧重于静态（相互关系）。

3. 宏观分析资料的搜集与处理

宏观分析所需的有效资料一般包括政府的重点经济政策与措施、一般生产统计资料、金融物价统计资料、贸易统计资料、每年国民收入统计与景气动向、突发性非经济因素等。

二、宏观经济运行分析

（一）宏观经济运行对证券市场的影响

证券市场有经济晴雨表之称。这表明证券市场是宏观经济的先行指标，也表明宏观经济的走向决定证券市场长期趋势。宏观经济因素是影响证券市场长期走势的唯一因素。

宏观经济运行通过 4 个途径影响证券市场：企业经营效益、居民收入水平、投资者对股价的预期、资金成本。

（二）宏观经济变动与证券市场波动的关系

1. 国内生产总值变动

国内生产总值（GDP）是一国经济成就的根本反映，从长期看，在上市公司的行业结构与该国产业结构基本一致的情况下，股票平均价格的变动与 GDP 的变化趋势是吻合的。但不能简单地以为 GDP 增长，证券市场就必将伴之以上升的走势，实际上有时恰恰相反。我们必须将 GDP 与经济形势结合起来进行考察，下面对几种基本情况进行阐述。

（1）持续、稳定、高速的 GDP 增长。①伴随总体经济成长，上市公司利润持续上升，股息和红利不断增长，企业经营环境不断改善，产销两旺，投资风险也越来越小，从而公司的股票和债券全面得到升值，促使价格上扬。②人们对经济形势形成了良好的预期，投资积极性得以提高，从而增加了对证券的需求，促使证券价格上涨。③随着 GDP 的持续增长，国民收入和个人收入都不断得到提高，收入增加也将增加证券投资的需求，从而证券价格上涨。

（2）高通胀下的 GDP 增长。当经济处于严重失衡下的高速增长时，总需求大大超过总供给，这将表现为高的通货膨胀率，这是经济形势恶化的征兆，如不采取调控措施，必将导致未来的“滞胀”（通货膨胀与经济停滞并存）。这时经济中的矛盾会突出地表现出来，企业经营将面临困境，居民实际收入也将降低，因而失衡的经济增长必将导致证券价格下跌。

（3）宏观调控下的 GDP 减速增长。当 GDP 呈失衡的高速增长时，政府可能采用宏观调控措施以维持经济的稳定增长，这样必然减缓 GDP 的增长速度。如果调控目标得以顺利实现，GDP 仍以适当的速度增长而未导致 GDP 的负增长或低增长，说明宏观调控措施十分有效，经济矛盾逐步得以缓解，为进一步增长创造了有利条件。这时证券市场亦将反映这种好的形势而呈平稳渐升的态势。

（4）转折性的 GDP 变动。如果 CDP 一段时期以来呈负增长，当负增长速度逐渐减缓并呈现向正增长转变的趋势时，表明恶化的经济环境逐步得到改善，证券市场走势也将由下跌转为上升。当 GDP 由低速增长转向高速增长时，表明低速增长中，经济结构得到调整，经济的“瓶颈”制约得以改善，新一轮经济高速增长已经来临，证券价格亦将伴之以快速上涨之势。

证券市场一般提前对 GDP 变动做出反应，也就是说，证券市场是反映预期的 GDP 变动，而 GDP 的实际变动被公布时，证券市场只反映实际变动与预期变动的差别，因而对 GDP 变动进行分析时必须着眼于未来，这是最基本的原则。

股市指数与宏观经济走势之间的关联关系被不同程度地弱化，股市指数与国民经济增长速度经常呈现非正相关甚至负相关关系。

2. 经济周期变动

（1）经济总是处于周期性运动中，股价伴随经济相应地波动，但股价的波动超前于经济运动，股价的波动是永恒的。

（2）收集有关宏观经济资料和政策信息，随时注意经济发展动向正确把握当前经济发展处于经济周期的何种阶段，对未来做出正确判断，切忌盲目从众。

（3）把握经济周期，认清经济形势。不要被股价的“小涨”“小跌”驱使而追逐小利或回避小失（这一点对中长期投资者尤为重要）。在把握经济周期的同时，配合技术分析的趋势线进行研究或许会大有收益。

3. 通货变动

通货变动包括通货膨胀和通货紧缩两种。

（1）通货膨胀对证券市场的影响

通货膨胀对证券市场特别是个股的影响，没有一成不变的规律可循，完全可能产生相反方向的影响，应具体情况具体分析。

（2）通货紧缩对证券市场的影响

通货紧缩将损害消费者和投资者的积极性，造成经济衰退和经济萧条，与通货膨胀一样不利于币值稳定和经济增长。

通货紧缩会带来经济负增长，使股票债券及房地产等资产价格大幅下降。

三、宏观经济政策分析

（一）财政政策

1. 财政政策的手段及其对证券市场的影响

财政政策 6 种手段：国家预算、税收、国债、财政补贴、财政管理体制、转移支付制度。这些手段可以单独使用，也可以配合协调使用。

（1）国家预算。国家预算是财政政策的主要手段，反映国家的施政方针和社会经济政策，规定政府活动的范围和方向。

（2）税收。税收是国家凭借政治权力参与社会产品分配的重要形式。税收具有强制性、无偿性和固定性的特征。

（3）国债。如果一段时间内，国债发行量较大且具有一定的吸引力，将会分流证券市场的资金。

（4）财政补贴。财政补贴是指国家财政为了实现特定的政治经济和社会目标，向企业或个人提供的一种补偿。主要是在一定时期内对生产或经营某些销售价格低于成本的企业或因提高商品销售价格而给予企业和消费者的经济补偿。

（5）财政管理体制。财政管理体制的实质是正确处理国家在财政资金分配上的集权与分权问题。国家的各项职能是由各级政府共同承担的，为了保证各级政府完成一定的政治经济任务，就必须在中央与地方政府、地方各级政府之间，明确划分各自的财政收支范围、财政资金支配权和财政管理权。一般地说，各级政府有什么样的行政权力（事权），就应当有相应的财权，以便从财力上保证各级政府实现其职能。

（6）转移支付制度。转移支付制度是分级预算体制的重要组成部分。根据分级预算管理体制，上下级预算主体间、同级预算主体间的收支规模是不对称，转移支付制度就是均衡各级预算主体间收支规模不对称的预算调节制度。

2. 财政政策的种类及其对证券市场的影响

（1）减少税收，降低税率，扩大减免税范围。其政策的经济效应是：增加微观经济主体的收入，以刺激经济主体的投资需求，从而扩大社会供给，进而增加人们的收入，并同时增加了他们的投资需求和消费支出。对证券市场的影响为：增加收入直接引起证券市场价格上涨，增加投资需求和消费支出又会拉动社会总需求。而总需求增加又反过来刺激投资需求，从而使企业扩大生产规模，增加企业利润；利润增加，又将刺激企业扩大生产规模的积极性，进一步增加利润总额，从而促进股票价格上涨。因市场需求活跃，企业经营环境改善，盈利能力增强，进而降低了还本付息风险，债券价格也将上扬。

（2）扩大财政支出，加大财政赤字。其政策效应是：扩大社会总需求，从而刺激投资，扩大就业。政府通过购买和公共支出增加商品和劳务需求，激励企业增加投入，提高产出水平，于是企业利润增加，经营风险降低，将使得股票价格和债券价格上升。同时居民在经济复苏中增加了收入，持有货币增加，经济景气的趋势更增加了投资者的信心，买气增强，证券市场趋于活跃，价格自然上扬。

（3）减少国债发行（或回购部分短期国债）。其政策效应是缩减证券市场上国债的供给量，从而对证券市场原有的供求平衡发生影响。国债是证券市场上重要的交易券种，国债发行规模的缩减，使市场供给量缩减，更多的资金转向股票、企业债券，推动证券价格上扬，从而使整个证券市场的总体价格水平趋于上涨。

（4）增加财政补贴。财政补贴往往使财政支出扩大。其政策效应是扩大社会总需求和刺激供给增加，从而使整个证券价格的总体水平趋于上涨。

3. 分析财政政策对证券市场影响应注意的问题

财政政策对证券市场的影响是十分深刻的，也是十分复杂的，正确地运用财政政策来为证券投资决策服务，应把握以下几个方面：

（1）关注有关的统计资料信息，认清经济形势。

（2）从各种媒介中了解经济界人士对当前经济形势的看法，关心政府有关部门主要负责人的日常讲话，分析其经济观点主张，从而预估政府可能采取的经济措施和采取措施的时机。

（3）分析过去类似形势下的政府行为及其经济影响，据此预期政策倾向和相应的经济影响。

（4）关注年度财政预算，从而把握财政收支问题的变化趋势，更重要的是对财政收支结构及其重点做出分析，以便了解政府的财政投资重点和倾斜政策。

（5）在预见和分析财政政策的基础上，进一步分析相应政策对经济形势的综合影响（比如通货膨胀、利率等），结合行业分析和公司分析做出投资选择。

（二）货币政策

货币政策是指政府（中央银行）为实现一定的宏观经济目标所制定的关于货币供应和货币流通组织管理的基本方针和基本准则。

1. 货币政策及其作用

货币政策是指政府或中央银行为影响经济活动所采取的措施，尤指控制货币供给以及调控利率的各项措施。

（1）通过调控货币供应总量保持社会总供给与总需求的平衡。货币政策可通过调控货币供应量达到对社会总需求和总供给两方面的调节，使经济达到均衡。

当总需求膨胀导致供求失衡时，可通过控制货币量达到对总需求的抑制；当总需求不足时，可通过增力货币供应量，提高社会总需求，使经济继续发展。同时，货币供给的增加有利于贷款利率的降低，可减少投资成本，刺激投资增长和生产扩大，从而增加社会总供给；反之，货币供给的减少将促使贷款利率上升，从而抑制社会总供给的增加。

（2）通过调控利率和货币总量控制通货膨胀，保持物价总水平的稳定。无论通货膨胀的形成原因多么复杂，从总量上看，都表现为流通中的货币超过社会在不变价格下所能提供的商品和劳务总量。提高利率可使现有货币购买力推迟，减少即期社会需求，同时也使银行贷款需求减少；降低利率的作用则相反。中央银行还可以通过金融市场直接调控货币供应量。

（3）调节国民收入中消费与储蓄的比例。货币政策通过对利率的调节能够影响人们的消费倾向和储蓄倾向。低利率鼓励消费，高利率则有利于吸收储蓄。

（4）引导储蓄向投资的转化并实现资源的合理配置。储蓄是投资的来源，但储蓄不能自动转化为投资，储蓄向投资的转化依赖于一定的市场条件。货币政策可以通过利率的变化影响投资成本和投资的边际效率，提高储蓄转化的比重，并通过金融市场有效运作实现资源的合理配置。

2. 货币政策工具

货币政策工具可分为两大类：一般性政策工具、选择性政策工具。

（1）一般性政策工具包含 3 种：法定存款准备金率、再贴现政策、公开市场业务。

①法定存款准备金率。法定存款准备金率是指中央银行规定的金融机构为满足客户提取存款和资金清算需要而准备的在中央银行的存款占其存款总额的比例。

②再贴现政策。再贴现政策是中央银行通过制定或调整再贴现利率来干预和影响市场利率及货币市场的供应和需求，从而调节市场货币供应量的一种金融政策。提高再贴现率，则收紧货币供应量。

③公开市场业务。公开市场业务是指中央银行在金融市场上公开买卖有价证券，以此来调节市场货币供应量的政策行为。当中央银行认为应该增加货币供应量时，就在金融市场上买进有价证券（主要是政府债券）；反之就出售所持有的有价证券。

（2）选择性政策工具包含 2 种：直接信用控制和间接信用指导。

①直接信用控制

它是指中央银行以行政命令或其他方式，直接对金融机构尤其是商业银行的信用活动进行控制。其具体手段包括：规定利率限额与信用配额、信用条件限制，规定金融机构流动性比率和直接干预等。

②间接信用指导

它是指中央银行通过道义劝告、窗口指导等办法来间接影响商业银行等金融机构行为的做法。

3. 货币政策的运作

货币政策的运作主要是指中央银行根据客观经济形势采取适当的政策措施调控货币供应量和信用规模，使之达到预定的货币政策目标，并以此影响整体经济的运行。

货币政策分为收紧的货币政策和宽松的货币政策。收紧的货币政策主要手段是：减少货币供应量，提高利率，加强信贷控制。宽松的货币政策主要手段是：增加货币供应量，降低利率，放松信贷控制。

4. 货币政策对证券市场的影响

货币政策对证券市场的影响可以从 4 个方面进行分析：利率、中央银行的公开市场业务、调节货币供应量、选择性货币政策工具。

（1）利率。一般来说，利率下降时，股票价格就上升；而利率上升时，股票价格就下降。原因：第一，利率是计算股票内在投资价值的重要依据之一。当利率水平上升，同一股票的内在投资价值下降，从而导致股票价格下跌；反之则上升。第二，利率水平的变动直接影响公司的融资成本，从而影响股价。第三，利率水平的变动直接影响了投资者对股票的需求，利率还是人们借以折现股票未来收益、评判股票价值的依据。

（2）中央银行的公开市场业务对证券价格的影响。当政府倾向于实施较为宽松的货币政策时，中央银行就会大量购进有价证券，从而使市场上货币供给量增加。这会推动利率下调，资金成本降低，从而企业和个人的投资和消费热情高涨，生产扩张，利润增加，这又会推动股票价格上涨；反之，股票价格将下跌。我们之所以特别强调公开市场业务对证券市场的影响，还在于中央银行的公开市场业务的运作是直接以国债为操作对象，从而直接关系到国债市场的供求变动，影响到国债行市的波动。

（3）调节货币供应量对证券市场的影响。中央银行可以通过法定存款准备金率和再贴现政策调节货币供应量，从而影响货币市场和资本市场的资金供求，进而影响证券市场。如果中央银行提高法定存款准备金率，这在很大程度上限制了商业银行体系创造派生存款的能力，就等于冻结了一部分商业银行的超额准备。由于法定存款准备金率对应数额庞大的存款总量，并通过货币乘数的作用，使货币供应量更大幅度地减少，证券行情趋于下跌。

（4）选择性货币政策工具对证券市场的影响。为了实现国家的产业政策和区域经济政策，我国在中央银行货币政策通过贷款计划实行总量控制的前提下，对不同行业和区域采取区别对待的方针。一般说来，该项政策会对证券市场行情整体走势产生影响，而且还会因为板块效应对证券市场产生结构性影响。当直接信用控制或间接信用指导降低贷款限额、压缩信贷规模时，从紧的货币政策使证券市场行情呈下跌走势；但如果在从紧的货币政策前提下，实行总量控制，通过直接信用控制或间接信用指导区别对待，紧中有松，那么一些优先发展的产业和国家支柱产业以及农业、能源、交通、通信等基础产业及优先重点发展的地区的证券价格则可能不受影响，甚至逆势而上。总的来说，此时贷款流向反映当时的产业政策与区域政策，并会引起证券市场价格的比价关系做出结构性的调整。

（三）收入政策

1. 收入政策概述

收入政策是国家为实现宏观调控总目标和总任务，针对居民收入水平高低、收入差距大小在分配方面制定的原则和方针。收入政策具有更高层次的调节功能，制约着财政政策和货币政策的作用方向和作用力度，最终也要通过财政政策和货币政策来实现。收入政策的两个目标：收入总量目标、收入结构目标。

2. 我国收入政策的变化及其对证券市场的影响

我国个人收入分配实行以按劳分配为主体，多种分配方式并存的收入分配政策。在以劳动收入为主体的前提下，国家依法保护法人和居民的一切合法收入和财产，鼓励城乡居民储蓄和投资，允许属于个人的资本等生产要素参与分配。

【实训内容】

1. 利用 Eviews 软件建立模型，分析证券投资价值与宏观经济各变量之间的关系，判断证券投资时机、证券投资价值。

2. 根据我国的当前宏观经济运行形势，包括经济发展情况、物价变动情况、财政政策、货币政策（基准利率、法定存款准备金率、货币供给量）、收入政策等，并结合证券市场运行情况，进行投资策略设计。

【实训步骤】

1. 收集相关宏观经济变量数据，超过 15 个时间序列数据组。

2. 根据收集的数据频率和时间范围，创建 Eviews 工作文件（Workfile）。见图 3.1。

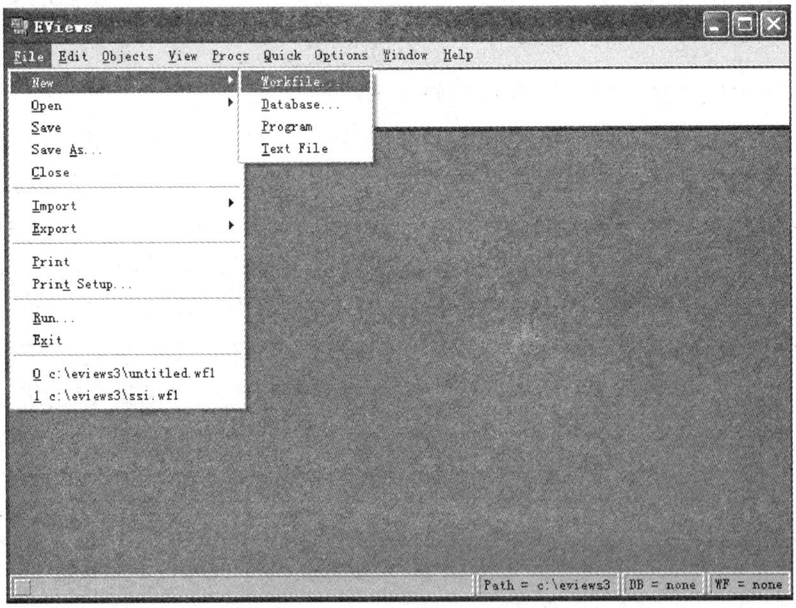

图 3.1　工作文件（Workfile）

3. 录入数据，并对序列进行初步分析。分别绘制上证综合指数序列的折线图，初步分析序列的基本趋势和变量之间关系。见图 3.2。

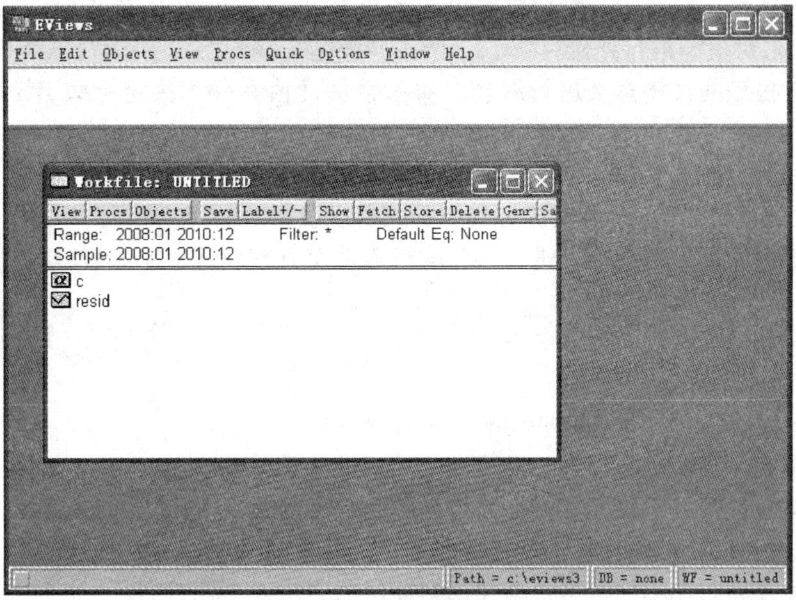

图 3.2 序列初步分析

4. 对模型进行检验。利用 t 统计量、DW 统计量、残差正态性检验、自相关的 LM 检验、异方差的 White 检验等方法对模型进行检验。见表 3.1。

表 3.1 模型检验

Dependent Variable：LOG(CSV1)

Method：Least Squares

Date：01/28/08 Time：20:46

Sample：2005:01 2007:12

Included observations：36

LOG(CSV1)=C(1)+C(2)×LOG(M1)+C(3)×LOG(TSV)+C(4)×LOG(CPI)+C(5)×LOG(R)

	Coefficient	Std. Error	t-Statistic	Prob.
C(1)	-44.112 93	13.157 81	-3.352 605	0.002 1
C(2)	0.999 407	0.365 606	2.733 560	0.010 3
C(3)	0.277 818	0.030 191	9.202 018	0.000 0
C(4)	8.397 819	2.415 708	3.476 339	0.001 5
C(5)	1.101 064	0.335 257	3.284 233	0.002 5
R-squared	0.990 194	Mean dependent var		9.985 171
Adjusted R-squared	0.988 929	S.D. dependent var		0.789 601
S.E. of regression	0.083 080	Akaike info criterion		-2.009 769
Sum squared resid	0.213 973	Schwarz criterion		-1.789 836
Log likelihood	41.175 84	F-statistic		782.612 1
Durbin-Watson stat	1.843 195	Prob(F-statistic)		0.000 000

5. 对模型进行评价。利用样本决定系数 R^2 和调整后的 R^2 等指标，结合模型的检验结果对模型进行评价。

6. 对模型的经济意义进行解释。对参数估计值和样本决定系数 R^2 的经济意义进行解释。

7. 综合上述实验步骤得出的结果，得出最终结论（证券投资价值与宏观经济各变量之间的关系）。总结实验过程中的问题以及得到的经验教训。

8. 根据实证分析结论，进行当年的投资理财方案设计，完成实验报告。

【实训思考】

1. 宏观经济各变量有哪些影响到证券投资？
2. 宏观经济变动与证券市场波动的关系是什么？
3. 财政政策的手段及其对证券市场的影响是什么？
4. 分析货币政策对证券市场的影响。
5. 线性回归模型的模型检验和模型评价的方法、指标有哪些？如何使用？

实训七　理财规划与投资综合设计

【实训目的与要求】

1. 理解和掌握投资理财需求及投资理财规划。
2. 理解和掌握生命周期理论和资金的时间价值理论。
3. 理解并熟练运用家庭财务分析方法。
4. 理解和制定家庭现金流规划。
5. 理解和掌握购房财务规划的基本方法。
6. 理解和掌握制定消费信贷方案的基本方法。
7. 分析教育费用需求及教育规划。
8. 分析家庭存在的风险及风险规避。
9. 分析家庭成员的退休养老规划及遗产规划。

【实训内容】

理财规划与投资综合设计是以理财规划师的身份，根据某个个人或家庭的实际财务情况和理财目标而设计理财规划，帮助家庭更好地制定和实施财务决策。理财综合规划包括：客户基本资料、财务资料、财务分析、理财目标、现金规划、房产规划、汽车消费规划、教育规划、风险管理与保险规划、退休养老规划、税收规划、理财报告等。需从各个方面对客户的财产进行解析和建议。

【实训步骤】

1. 登录投资理财规划教学平台

学生打开 http://120. 25. 130. 17:7020 智盛个人理财教学实训平台，打开首页界面左边的“理财综合规划”，见图 3. 3。

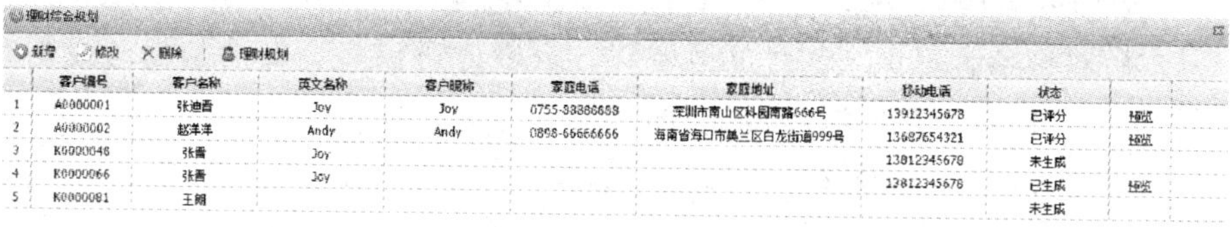

图 3. 3　理财综合规划

2. 新增客户

点击“新增”按钮，进入新增客户界面，见图 3.4。新增的客户可以修改和删除。

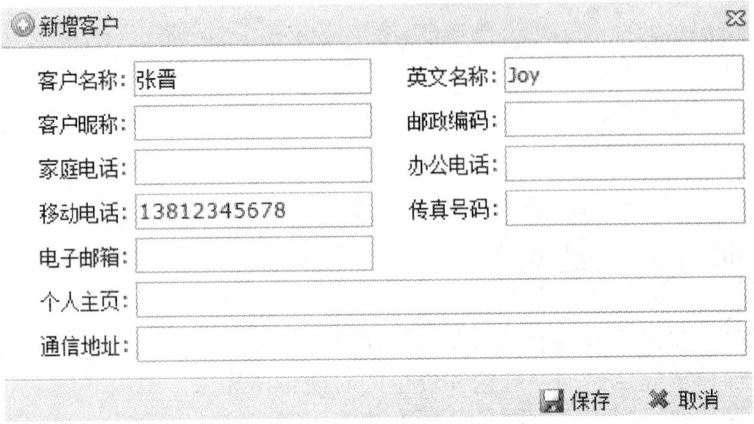

图 3.4　新增客户（填写个人信息）

3. 综合理财规划界面

选择一条已新增的客户，双击或者点击“理财规划”按钮，进入实训平台，见图 3.5。

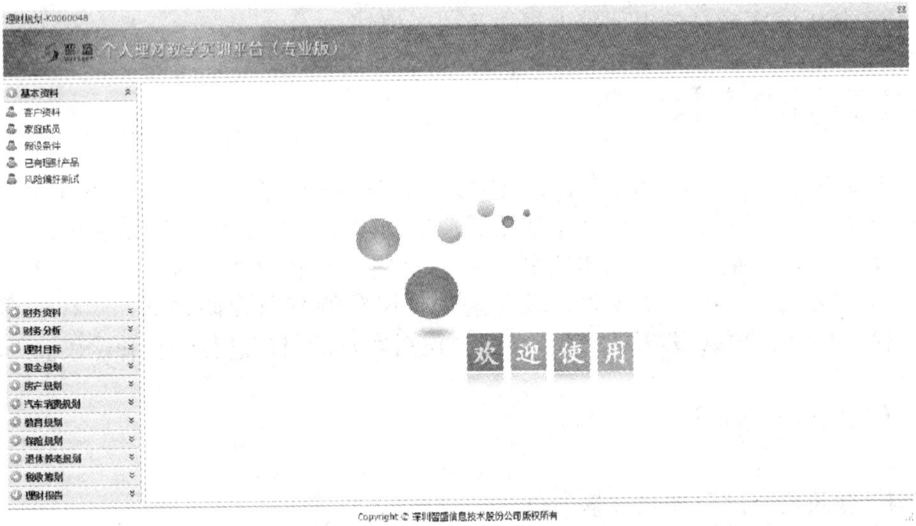

图 3.5　个人理财教学实训平台

4. 整理基本资料

基本资料包括客户本人与配偶的资料、家庭成员信息、经济数据假设、客户已购买的理财产品、客户的投资风险偏好。

（1）完善家庭信息

添加客户本人和配偶的信息，见图 3.6。

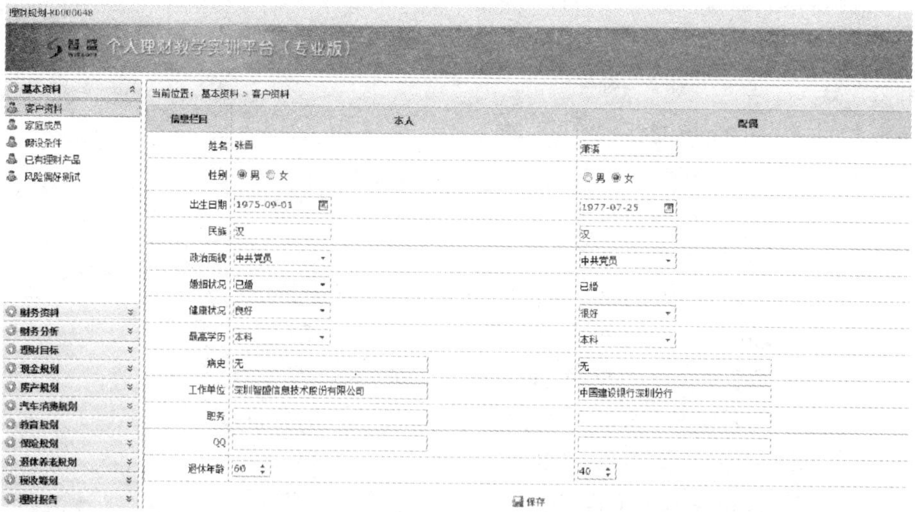

图 3.6　个人理财教学实训平台——基本资料——客户资料

（2）家庭成员

添加家庭成员的信息，见图 3.7，确定家庭所处的生命周期和此次理财规划本人的实际年龄。

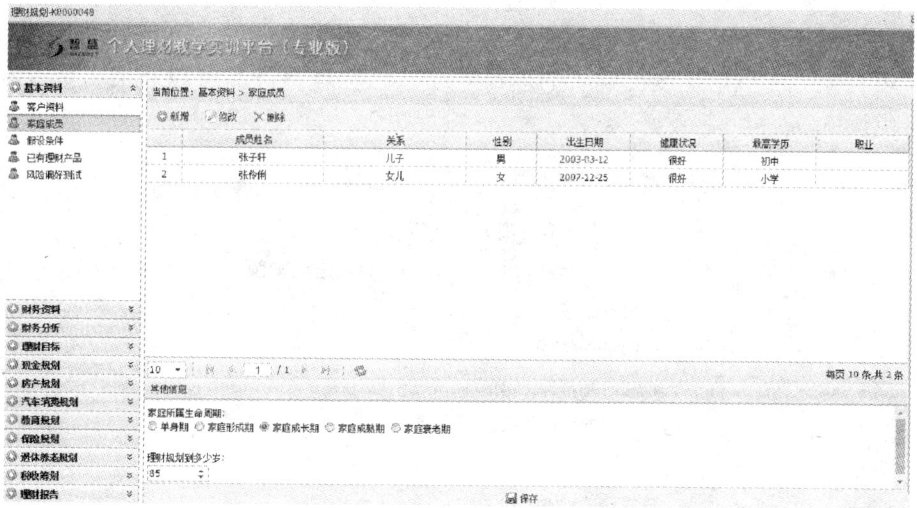

图 3.7　个人理财教学实训平台——基本资料——家庭成员

（3）假设条件

经济条件假设：默认值，见图 3.8。

图 3.8　个人理财教学实训平台——基本资料——假设

（4）已有理财产品

填写家庭中以前年度已购买的理财产品，已有理财产品可以新增、修改和删除，见图 3.9。

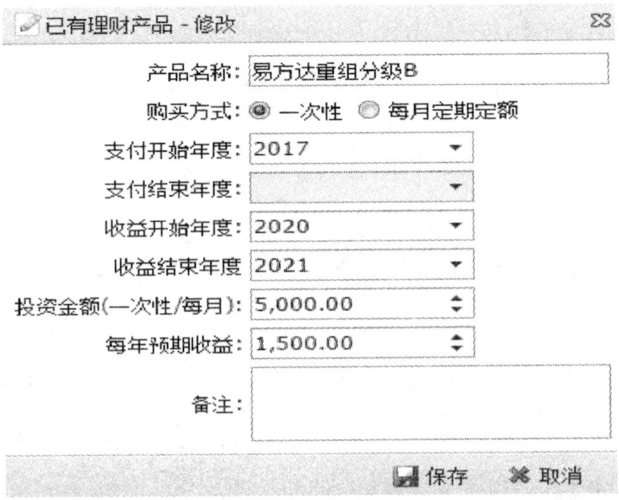

图 3.9　个人理财教学实训平台——基本资料——已有理财产品

(5) 风险偏好测试

进入图 3.10 所示界面，完成风险偏好测试问卷，了解客户的风险偏好。

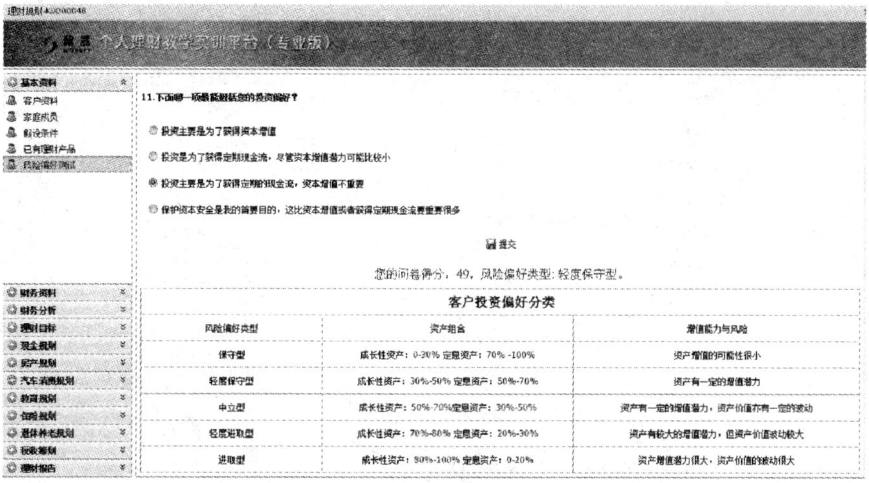

图 3.10　个人理财教学实训平台——风险测试

5. 财务资料

(1) 家庭资产表

进入图 3.11 (a) 所示界面，输入每个项目的资产现值、年增长率，完成家庭资产表。

当前位置：财务资料 > 家庭资产

资产类别		资产现值(元)	年增长率(%)	备注
自用资产	1.自用住宅	1800000	2	
	2.汽车	89000	0	
	3.电器、家具	70000	0	
	4.运动器材	0	0	
	5.衣物	0	0	
	6.其他自用资产	2000	0	
	合计	1961000.00		
实物投资资产	7.珠宝首饰	35000	1	
	8.投资性房产	0	0	
	9.有收价值的收藏品	16000	0	
	10.实物投资资产	6000	3	
	合计	57000.00		
	11.现金	20000	0	
	12.活期存款	10490	0.35	

图 3.11 (a)　财务资料——家庭资产

（2）家庭负债表

进入图 3.11（b）所示界面，输入每个项目的负债总额、年利率，完成家庭负债表。

负债类别		负债总额(元)	年利率(%)	备注
流动负债	1.信用卡	20000	0	
	2.电话费	200	3	
	3.应付水电费	350	0	
	4.应付修理费	0	0	
	5.应付租金	0	0	
	6.应付社保费	500	0	
	7.应付所得税费	300	0	
	8.其他	0	0	
	合计	21350.00		
	9.住房按揭贷款	0	0	
	10.汽车贷款	40000	0	
	11.装修、家具、家居用品贷款	0	0	
	12.旅游贷款	0	0	
	13.大额耐用消费品贷款	0	0	

图 3.11（b）　**财务资料——家庭负债**

（3）家庭年收入表

进入图 3.11（c）所示界面，根据理财规划，完成家庭年收入表。

年收入类别		本人(元)	配偶(元)	合计(元)
工作收入	1.工资、薪金所得	22000	130000	152000.00
	2.劳务报酬所得	40000	0	40000.00
	3.稿酬所得	0	0	0.00
	4.个人从事个体工商业生产经营所得	100000	0	100000.00
	5.对企事业单位的承包、经营所得	0	0	0.00
	6.特许权使用费所得	0	0	0.00
	7.其他工作收入	0	30000	30000.00
	合计	162000.00	160000.00	322000.00
理财收入	8.利息、股息、分红所得	2000	900	2900.00
	9.财产转让所得	20000	0	20000.00
	10.财产租赁所得	0	500	500.00
	11.投资收益变现	16000	0	16000.00
	12.其他理财收入	2000	0	2000.00
	合计	40000.00	1400.00	41400.00

图 3.11（c）　**财务资料——家庭收入**

（4）家庭年支出表

进入图 3.11（d）所示界面，根据理财规划，完成家庭年支出表。

生活开支类型		本人(元)	配偶(元)	合计(元)
消费支出	1.食品	40000	30000	70000.00
	2.服装	8000	10000	18000.00
	3.住房	2000	2000	4000.00
	4.交通	2000	2000	4000.00
	5.教育	3000	0	3000.00
	6.娱乐、文化	20000	40000	60000.00
	7.医疗	5000	3000	8000.00
	8.交际	20000	16000	36000.00
	9.其他	1000	3000	4000.00
	合计	101000.00	106000.00	207000.00
理财支出	10.年还贷支出	10000	0	10000.00
	11.年保费支出	0	0	0.00
	12.投资实物支出	20000	0	20000.00
	13.定期定额投资支出	0	0	0.00
	14.年其他理财支出	30000	0	30000.00

图 3.11（d） 财务资料——家庭支出

6. 财务分析

(1) 资产负债分析

填好图 3.11（a）—图 3.11（b）所示图中内容后，点击财务分析下的资产负债分析，系统自动生成分析图表，见图 3.12（a）、图 3.12（b）。

项目		金额(元)	占比(%)
资产	自用资产	1961000.00	80.42
	实物投资资产	57000.00	2.34
	金融/生息资产	420490.00	17.24
	企业股权	0.00	0.00
	总计	2438490.00	
负债	流动负债	21350.00	21.28
	长期负债	79000.00	78.72
	企业负债	0.00	0.00
	总计	100350.00	
净资产		2338140.00	

*1.占比=各项目金额/合计 2.净资产=资产合计-负债合计

图 3.12（a） 财务分析——资产负债分析表

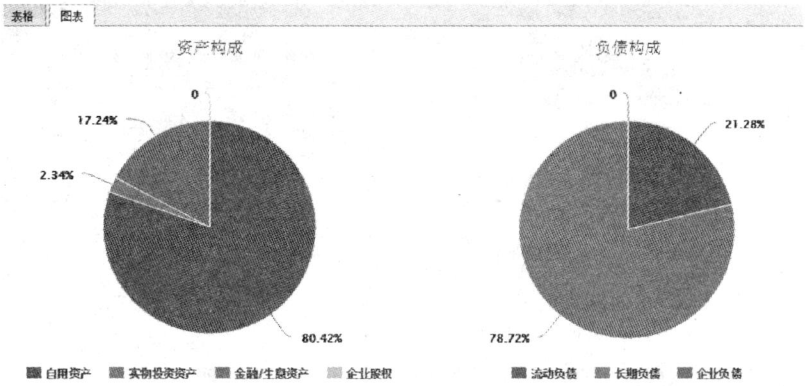

图 3.12（b） 财务分析——资产负债分析图

第三篇 综合实训篇

（2）收入支出分析

填好图 3.11（c）、图 3.11（d）中所示内容后，点击收支分析，系统自动生成分析图表，见图 3.13（a）、图 3.13（b）。

表格 | 图表

项目		金额(元)	占比(%)
年收入	工作收入	322000.00	88.61
	理财收入	41400.00	11.39
	其他收入	0.00	0.00
	总计	363400.00	
年支出	消费支出	207000.00	57.98
	理财支出	60000.00	16.81
	其他支出	90000.00	25.21
	总计	357000.00	
收支结余		6400.00	

*1.占比=各项目金额/合计　2.收支结余=年收入合计-年支出合计

图 3.13（a）　财务分析——家庭收入支出分析表

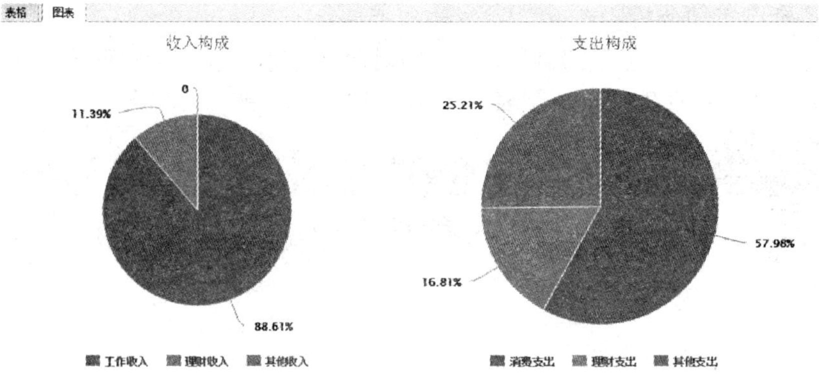

图 3.13（b）　财务分析——家庭收入支出分析图

（3）财务指标分析

点击财务指标分析，系统自动生成财务指标分析结果，见图 3.14。

序号	分析项目	计算公式		分析结果	参数
1	结余比率	结余比率=收支结余/税后收入	（363400.00 - 357000.00）/ 363400.00	0.02	0.3左右
	结余比率指家庭在一定时期内（一年）结余和收入的比值，是资产增值的重要指标，反映出家庭控制支出的能力和储蓄意识，是未来投资理财的基础。因为只有收入有了资金盈余，才能进行储蓄再投资，使资产稳步的增长，使财富不断的增加。结余比率≥30%表明您的控制支出和储蓄积累的能力是较强的，这部分可用于投资来增加您的净资产规模。注意这里的收入是指家庭的税后收入，因为税后收入才是家庭真正可支配的收入。				
2	投资与净资产比率	投资与净资产比率=投资资产/净资产	（420490.00 - 20000.00）/（2438490.00 - 100350.00）	0.17	0.5以上
	投资与净资产比率是投资资产与净资产的比值，它反映客户投资意识的强弱，是衡量客户能否实现财务自由的重要指标。一般而言，投资与净资产比率应保持在0.5以上，才能保证其净资产有较为合适的增长率。然而，对于年轻的客户，由于财务积累年限尚浅，投资在资产中的比率不高，他们的投资比率也会较低，一般在0.2左右。				
3	清偿比率	清偿比率=净资产/总资产	（2438490.00 - 100350.00）/ 2438490.00	0.96	0.6-0.7
	是客户净资产与总资产的比值，反映客户综合偿债能力的高低。一般来说，客户的清偿比率应该高于0.5，保持在0.6—0.7较为适宜，如果客户的清偿比率太低，就说明对外债务是其拥有资产的主体，甚至其日常开支也依靠借债来解决。				
4	负债比率	负债比率=负债总额/总资产	100350.00 / 2438490.00	0.04	0.5以下
	负债比率是客户负债总额与总资产的比值，同样可以用来衡量客户的综合偿债能力。由于客户的负债与其净资产之和等于总资产，所以其负债总资产比例和清偿比例之和为一，相应的，负债总资产比率的数值也是0-1之间。一般客户的该数值应控制在0.5以下，以减少由于资产流动性不足而出现财务危机的可能。如果客户的该项比例大于1，则意味着他的财务状况不容乐观，理论上讲，该客户已经破产。				
5	负债收入比率	负债收入比率=年负债/年税后收入	100350.00 / 363400.00	0.28	0.4以下
	负债收入比率反映支出能力的强弱和客户在一定时期财务状况的良好程度。从财务安全的角度看，个人的负债比例如果在0.4以下，其财务状况属于良好状态，短期偿债能力可以得到保证。如果客户的负债收入比率高于0.4，则继续进行借贷融资会出现一定的困难。也有学者认为，要保持财务的流动性，负债收入比例在0.36左				

图 3.14　财务分析——家庭收支财务指标分析

(4) 现金流量分析

点击现金流分析，系统自动生成从现年度到退休规划的最后一年家庭现金流的数据演示，见图 3.15（a）、图 3.15（b）、图 3.15（c）。

表格 | 折线图

家庭成员年龄					收入				支出			
年份	[illegible]	[illegible]	张子轩	[illegible]	工作收入	理财收入	其他收入	总收入	消费支出	理财支出	其他支出	总支出
2016	41	39	13	9	493000.00	199400.00	2000.00	694400.00	207000.00	60600.00	77000.00	344000.00
2017	42	40	14	10	532440.00	211364.00	2040.00	745844.00	213210.00	61800.00	78540.00	353550.00
2018	43	41	15	11	575035.20	224045.84	2080.80	801161.84	219606.30	63654.00	80110.80	363371.10
2019	44	42	16	12	621038.02	237488.59	2122.42	860649.03	226194.49	65563.62	81713.02	373471.13
2020	45	43	17	13	670721.06	251737.91	2164.87	924623.84	232980.32	67530.53	83347.28	383858.13
2021	46	44	18	14	724378.74	266842.18	2208.17	993429.09	239969.73	69556.45	85014.23	394540.41
2022	47	45	19	15	782329.04	282852.71	2252.33	1067434.08	247168.82	71643.14	86714.51	405526.47
2023	48	46	20	16	844915.36	299823.87	2297.38	1147036.61	254583.88	73792.43	88448.80	416825.11
2024	49	47	21	17	912508.59	317813.30	2343.33	1232665.22	262221.40	76006.20	90217.78	428445.38
2025	50	48	22	18	985509.28	336882.10	2390.20	1324781.58	270088.04	78286.39	92022.14	440396.57
2026	51	49	23	19	1064350.02	357095.03	2438.00	1423883.05	278190.68	80634.98	93862.58	452688.24
2027	52	50	24	20	1149498.03	378520.73	2486.76	1530505.52	286536.40	83054.03	95739.83	465330.26
2028	53	51	25	21	1241457.87	401231.97	2536.50	1645226.34	295132.49	85545.65	97654.63	478332.77
2029	54	52	26	22	1340774.50	425305.69	2587.23	1768667.62	303986.46	88112.02	99607.72	491706.20
2030	55	53	27	23	1448036.46	450824.24	2638.97	1901499.67	313106.05	90755.38	101599.87	505461.30
2031	56	54	28	24	1563879.37	477873.69	2691.75	2044444.81	322499.23	93478.04	103631.87	519609.14
2032	57	55	29	25	1233339.35	506546.11	2745.59	1742631.05	332174.21	96282.38	105704.31	534161.10
2033	58	56	30	26	1352006.50	536938.80	2800.50	1871745.80	342139.44	99170.85	107818.60	549128.89
2034	59	57	31	27	1438567.02	569155.21	2856.31	2010578.74	352403.62	102145.98	109974.97	564524.57
2035	60	58	32	28		603304.52	2913.64	606218.16	254083.01		112174.47	366257.48

图 3.15（a） 财务分析——现金流分析 1

表格 | 折线图

		资产					负债				
出	收支结余	自用资产	实物资产	金融资产	企业股权	总资产	流动负债	长期负债	企业负债	总负债	净资产
4000.00	350400.00	1970000.00	51000.00	106000.00	0.00	2127000.00	21350.00	60000.00	0.00	81350.00	2045650.00
3550.00	392294.00	2006800.00	51830.00	501474.00	0.00	2559304.00	21350.00	62000.00	0.00	83350.00	2475954.00
3371.10	437790.74	2042720.00	52677.90	954308.96	0.00	3049706.86	21350.00	64100.00	0.00	85450.00	2964256.86
3471.13	487177.90	2080174.40	53544.17	1470116.13	0.00	3603834.70	21350.00	66305.00	0.00	87655.00	3516179.70
3858.13	540765.71	2118377.89	54429.28	2054985.32	0.00	4227792.49	21350.00	68620.25	0.00	89970.25	4137822.24
4540.41	598888.68	2157345.45	55333.74	2715523.56	0.00	4928202.75	21350.00	71051.26	0.00	92401.26	4835801.49
5526.47	661907.61	2197092.35	56258.04	3458896.88	0.00	5712247.27	21350.00	73603.83	0.00	94953.83	5617293.44
6825.11	730211.50	2237634.20	57202.72	4292875.29	0.00	6587712.21	21350.00	76284.02	0.00	97634.02	6490078.19
8445.38	804219.94	2278986.99	58168.31	5225881.39	0.00	7563036.59	21350.00	79098.22	0.00	100448.22	7462588.37
0396.57	884385.01	2321166.62	59155.36	6267042.84	0.00	8647364.82	21350.00	82053.13	0.00	103403.13	8543961.69
2688.24	971194.81	2364189.96	60164.44	7426248.94	0.00	9850603.34	21350.00	85155.79	0.00	106505.79	9744097.55
5330.26	1065175.26	2408073.76	61196.12	8714211.67	0.00	11183481.56	21350.00	88413.57	0.00	109763.57	11073717.99
8332.77	1166893.57	2452835.23	62251.05	10142531.59	0.00	12657617.87	21350.00	91834.25	0.00	113184.25	12544433.62
1706.20	1276961.42	2498491.93	63329.80	11723768.96	0.00	14285590.69	21350.00	95425.97	0.00	116775.97	14168814.72
5461.30	1396038.37	2545061.77	64433.03	13471520.40	0.00	16081015.20	21350.00	99197.26	0.00	120547.26	15960467.94
9609.14	1524835.67	2592563.01	65561.39	15400501.68	0.00	18059625.08	21350.00	103157.13	0.00	124507.13	17934118.95
4161.10	1208469.95	2641014.27	66715.56	17070986.68	0.00	19778716.51	21350.00	107314.98	0.00	128664.98	19650051.53
9128.89	1322616.99	2690434.55	67896.22	18905733.27	0.00	21664064.04	21350.00	111680.73	0.00	133030.73	21531033.21
4524.57	1446054.17	2740843.25	69104.09	20918959.44	0.00	23728906.78	21350.00	116264.77	0.00	137614.77	23591292.01
6257.48	239960.68	2792260.11	70339.91	21786488.90	0.00	24649088.92	21350.00	121078.01	0.00	142428.01	24506660.91

图 3.15（b） 财务分析——现金流分析 2

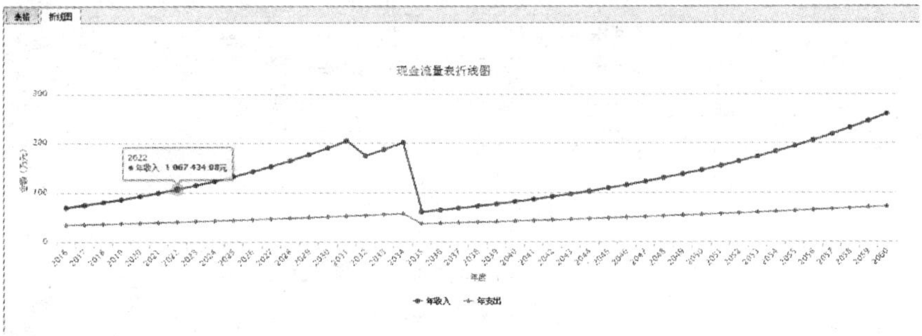

图 3.15（c） 财务分析——现金流分析折线图

7. 理财目标

点击理财目标，进入图 3.16 所示界面，收集客户的理财目标。理财目标可以新增、修改和删除。

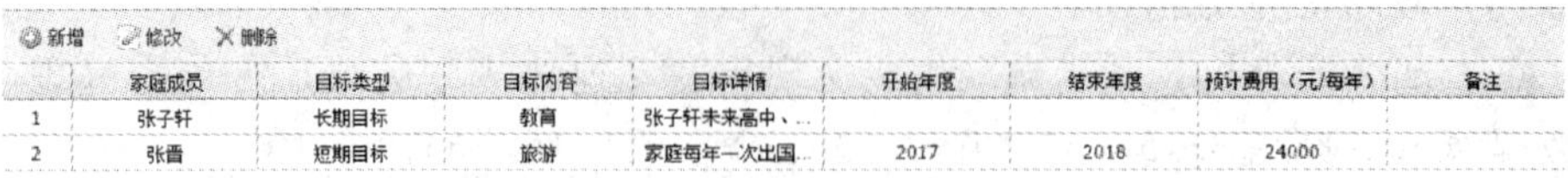

图 3.16　理财目标——新增

进入理财目标界面后，对收集的客户理财目标进行评价，如图 3.17 所示。

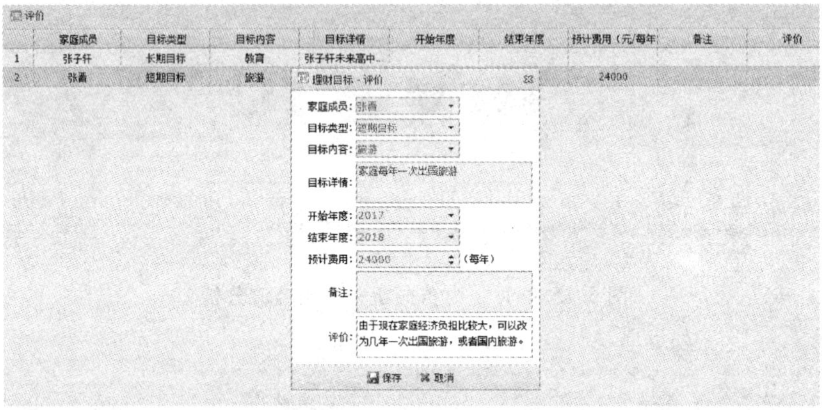

图 3.17　理财目标——评价

进入理财目标界面后，根据理财规划师对客户提出的理财目标进行调整和修正，如图 3.18 所示。

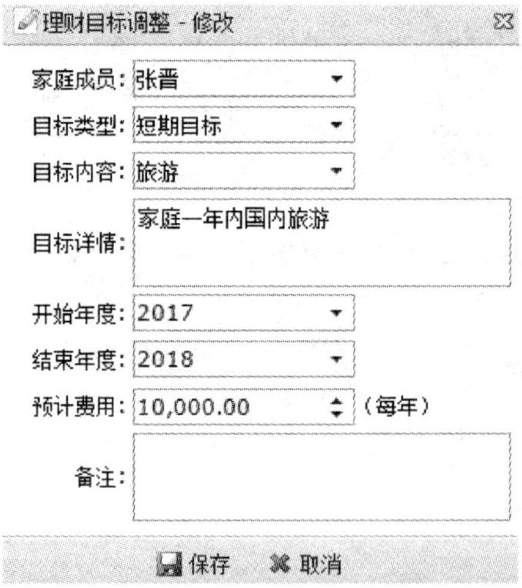

图 3.18　理财目标——修改

8. 现金规划

点击现金规划，进入图 3.19 所示界面，输入流动性比率和其他信息，规划家庭现金。

图 3.19　现金规划

9. 房产规划

点击房产规划，进入如图 3.20 所示界面。

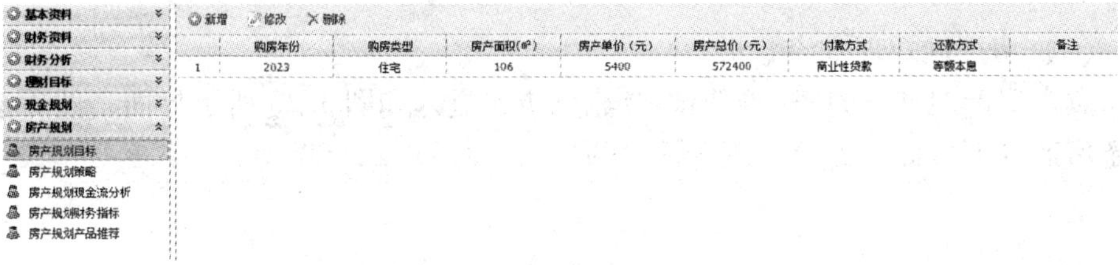

图 3.20　房产规划

（1）房产规划目标

点击房产规划下房产规划目标，进入房产规划——新增、修改、删除界面。点击新增，进入如图 3.21 所示界面，新增购房目标。购房目标可以修改和删除。

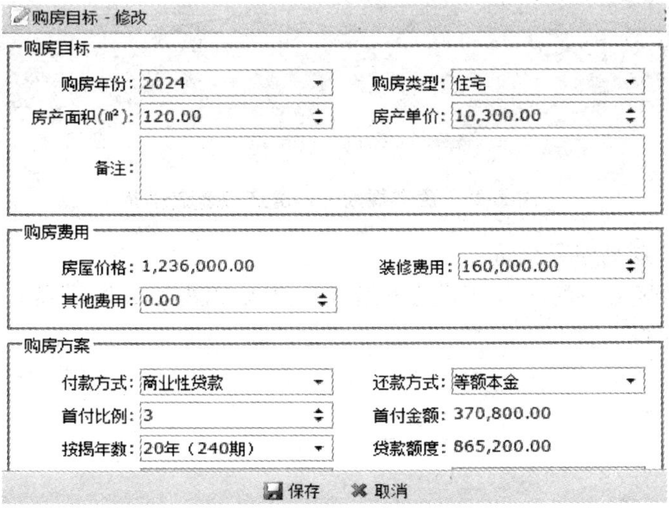

图 3.21　房产规划——新增

（2）房产规划策略

点击房产规划下的房产规划策略，进入如图 3. 22 所示界面，然后选中一条房产规划目标，点击“策略详情”。

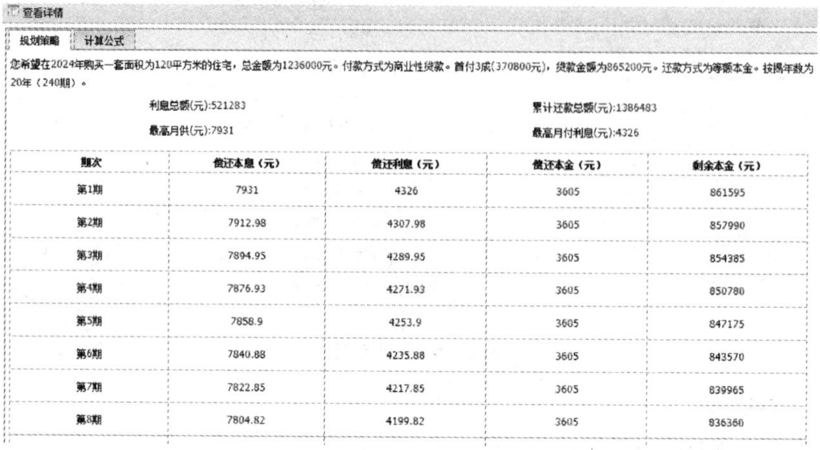
查看详情

规划策略　计算公式

您希望在2024年购买一套面积为120平方米的住宅，总金额为1236000元。付款方式为商业性贷款。首付3成(370800元)，贷款金额为865200元。还款方式为等额本金。按揭年数为20年（240期）。

利息总额(元):521283　　累计还款总额(元):1386483

最高月供(元):7931　　最高月付利息(元):4326

期次	偿还本息（元）	偿还利息（元）	偿还本金（元）	剩余本金（元）
第1期	7931	4326	3605	861595
第2期	7912.98	4307.98	3605	857990
第3期	7894.95	4289.95	3605	854385
第4期	7876.93	4271.93	3605	850780
第5期	7858.9	4253.9	3605	847175
第6期	7840.88	4235.88	3605	843570
第7期	7822.85	4217.85	3605	839965
第8期	7804.82	4199.82	3605	836360

图 3. 22　房产规划——房产策略

（3）房产规划现金流分析

点击房产规划下的房产规划现金流分析，进入如图 3. 23 所示界面，然后选中一条房产规划目标，进行“现金流分析”。

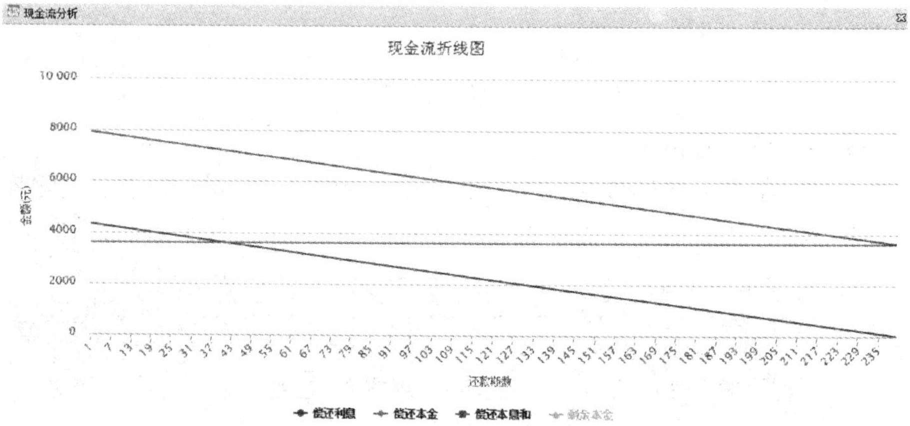

图 3. 23　房产规划——房产现金流分析

（4）房产规划财务指标

点击房产规划下的房产规划财务指标，进入如图 3. 24 所示界面，进行房产规划财务指标分析。

序号	分析项目	计算公式		分析结果	评价
1	住房负担比	住房负担比=房屋月供款/月税后收入	9158.18/57866.67	15.83%	好
	住房负担比是房屋月供款占借款人月税后总收入的比率，反应的是住房所带来的经济上的负担。住房负担比越大，客户在住房上的支出比重就越重；住房负担比越小，客户在住房上的支出比重就越轻。一般不应超过25%-30%。				
2	财务负担比	财务负担比=年负债/年税后收入	81350.00/694400.00	11.72%	好
	财务负担比亦称为债务偿还收入比率，是到期需支付的债务本息与同期收入的比值。反映客户在一定时期（如一年）财务状况良好程度的指标。年负债支出包括房屋供款加上其他贷款的供款，一般应控制在40%以内。				

图 3.24　房产规划——房产规划财务指标

（5）房产规划产品推荐

点击“房产规划”下的“房产规划产品推荐”按钮，进入如图 3.25（a）、图 3.25（b）所示界面。针对房产目标，选择投资理财产品。

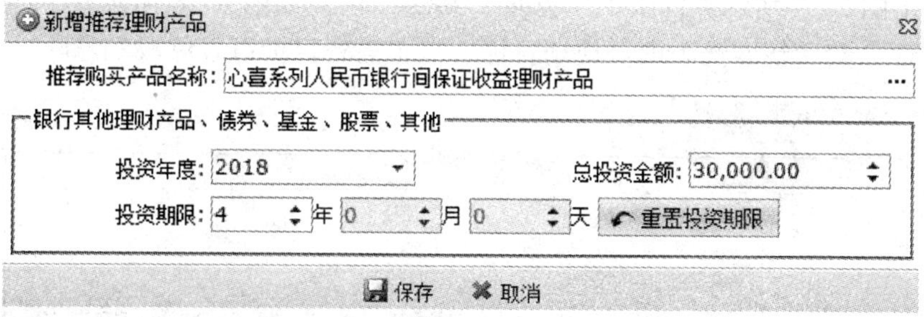

图 3.25（a）　房产规划——投资理财规划

新增　修改　删除　理财产品管理

	类型	推荐理财产品
1	股票	万科A
2	债券	2016年记账式附息(十二期)国债
3	银行其他理财产品	心喜系列人民币银行间保证收益理财产品

图 3.25（b）　房产规划——房产规划产品推荐

（6）理财产品管理

点击“理财产品管理”按钮，可以选择使用已存在的理财产品，也可以自助新增理财产品，并可以进行修改和删除操作，见图 3.26。

理财产品管理

产品类型：银行存款　产品名称：　查询

新增　修改　删除

	产品类型	产品名称	发行机构	起始/首期金额（元）	风险性	是否保本	预期年收益率（%）	备注	创建人	详情
1	银行存款	活期储蓄		1	低	是	0.35		ADMIN	详情
2	银行存款	定活两便储蓄（0-3...		50	低	是	0.35		ADMIN	详情
3	银行存款	定活两便储蓄（3个...		50	低	是	0.66		ADMIN	详情
4	银行存款	定活两便储蓄（6个...		50	低	是	0.78		ADMIN	详情
5	银行存款	定活两便储蓄（1年...		50	低	是	0.9		ADMIN	详情
6	银行存款	整存整取（3个月）		50	低	是	1.1		ADMIN	详情
7	银行存款	整存整取（6个月）		50	低	是	1.3		ADMIN	详情
8	银行存款	整存整取（1年）		50	低	是	1.5		ADMIN	详情
9	银行存款	整存整取（2年）		50	低	是	2.1		ADMIN	详情
10	银行存款	整存整取（3年）		50	低	是	2.75		ADMIN	详情
11	银行存款	整存整取（5年）		50	低	是	3		ADMIN	详情
12	银行存款	整存零取（1年）		1000	低	是	1.1		ADMIN	详情
13	银行存款	整存零取（3年）		1000	低	是	1.3		ADMIN	详情
14	银行存款	整存零取（5年）		1000	低	是	1.55		ADMIN	详情
15	银行存款	零存整取（1年）		5	低	是	1.1		ADMIN	详情

20　1 /2　每页 20 条,共 22 条

图 3.26　理财产品管理

10. 汽车消费规划

点击“汽车消费规划”按钮，进入如图 3.27 所示界面。

3.27　汽车消费规划——消费目标

（1）汽车消费规划目标

点击图 3.27 所示界面上的“新增”按钮，出现如图 3.28 所示“新增购车计划”界面，然后新增汽车消费规划目标。汽车消费目标可以修改和删除。

图 3.28　汽车消费规划——汽车消费规划目标——新增购车计划

选中新增的消费目标，点击“贷款购车费用”，进入图 3.29 所示界面。

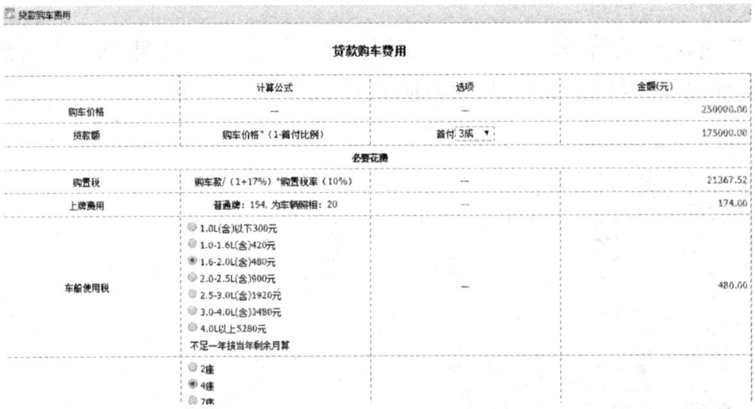

贷款购车费用

贷款购车费用

	计算公式	选项	金额(元)
购车价格	—	—	250000.00
贷款额	购车价格*（1-首付比例）	首付 3成	175000.00
必要花费			
购置税	购车款/（1+17%）*购置税率（10%）	—	21367.52
上牌费用	普通牌：154，为车辆照相：20	—	174.00
车船使用税	1.0L(含)以下300元 1.0-1.6L(含)420元 1.6-2.0L(含)480元 2.0-2.5L(含)900元 2.5-3.0L(含)1920元 3.0-4.0L(含)3480元 4.0L以上5280元 不足一年按当年剩余月算	—	480.00
	2座 4座 7座		

图 3.29　汽车消费规划——汽车消费规划目标——贷款购车费用

选中新增的消费目标，点击“还款方案”，进入图 3.30 所示界面。

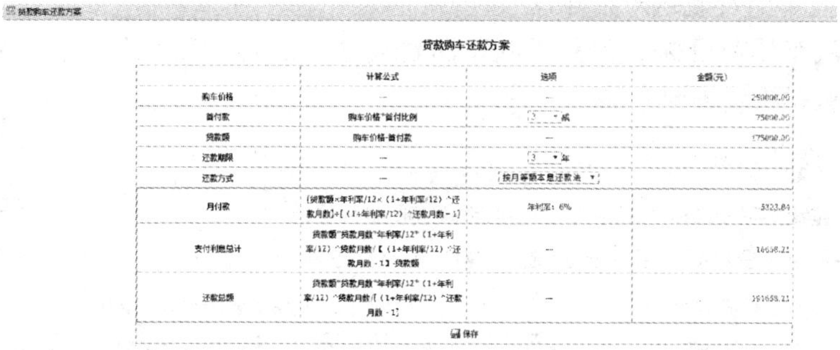

贷款购车还款方案

贷款购车还款方案

	计算公式	选项	金额(元)
购车价格	—	—	250000.00
首付款	购车价格*首付比例	3 成	75000.00
贷款额	购车价格-首付款	—	175000.00
还款期限	—	3 年	
还款方式	—	按月等额本息还款法	
月付款	[贷款额×年利率/12×（1+年利率/12）^还款月数]÷[（1+年利率/12）^还款月数－1]	年利率：6%	5323.84
支付利息总计	贷款额*贷款月数*年利率/12*（1+年利率/12）^贷款月数/【（1+年利率/12）^还款月数－1】-贷款额	—	16658.21
还款总额	贷款额*贷款月数*年利率/12*（1+年利率/12）^贷款月数/[（1+年利率/12）^还款月数－1]	—	191658.21

保存

图 3.30　汽车消费规划——汽车消费规划目标——贷款购车还款方案

（2）汽车消费规划策略

选中新增的消费目标，点击“汽车消费规划策略”按钮，进入图 3.31 所示界面。

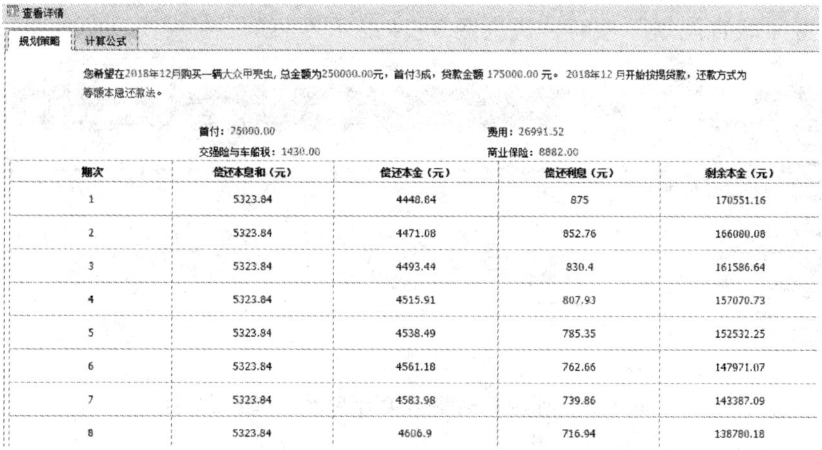

查看详情

规划策略　计算公式

您希望在2018年12月购买一辆大众甲壳虫，总金额为250000.00元，首付3成，贷款金额 175000.00 元。2018年12 月开始按揭贷款，还款方式为等额本息还款法。

首付：75000.00　费用：26991.52

交强险与车船税：1430.00　商业保险：8882.00

期次	偿还本息和（元）	偿还本金（元）	偿还利息（元）	剩余本金（元）
1	5323.84	4448.84	875	170551.16
2	5323.84	4471.08	852.76	166080.08
3	5323.84	4493.44	830.4	161586.64
4	5323.84	4515.91	807.93	157070.73
5	5323.84	4538.49	785.35	152532.25
6	5323.84	4561.18	762.66	147971.07
7	5323.84	4583.98	739.86	143387.09
8	5323.84	4606.9	716.94	138780.18

图 3.31　汽车消费规划——汽车消费规划策略

（3）汽车消费规划现金流分析

选中新增的消费目标，点击“汽车消费规划现金流分析”按钮，进入图 3.32 所示界面。

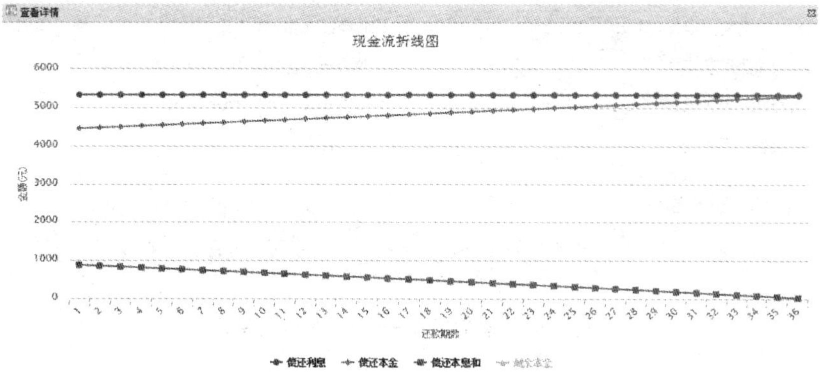

图 3.32　汽车消费规划——汽车规划现金流分析

(4) 汽车消费规划产品推荐

针对汽车消费目标，点击“汽车消费规划产品推荐”按钮，进入图 3.33 所示界面，选择投资理财产品。

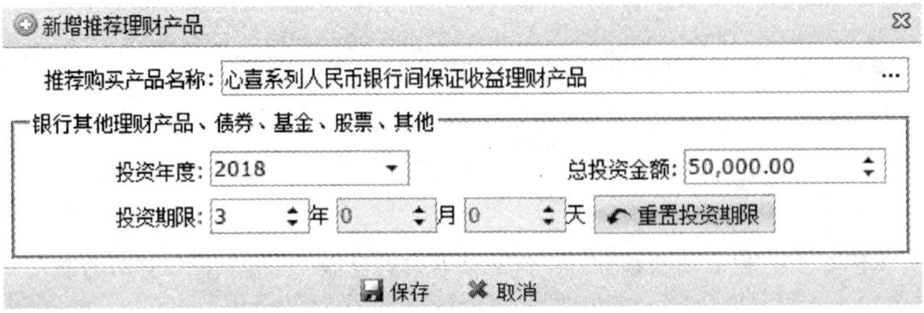

图 3.33　汽车消费规划——汽车规划产品推荐

11. 教育规划

点击“教育规划”按钮，进入图 3.34 所示界面。

图 3.34　个人理财教学实训平台——教育规划

(1) 教育规划需求

在图 3.34 所示界面点击“教育规划需求”按钮，进入图 3.35 所示界面。新增教育规划需求，可以修改和删除。

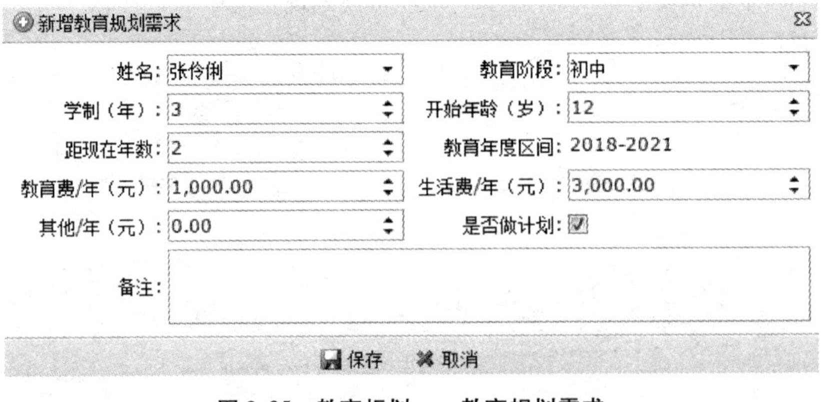

图 3.35　教育规划——教育规划需求

（2）教育规划需求分析

点击“教育规划需求”按钮，查看客户的教育规划需求详情，见图 3.36（a）、图 3.36（b）、图 3.36（c）。

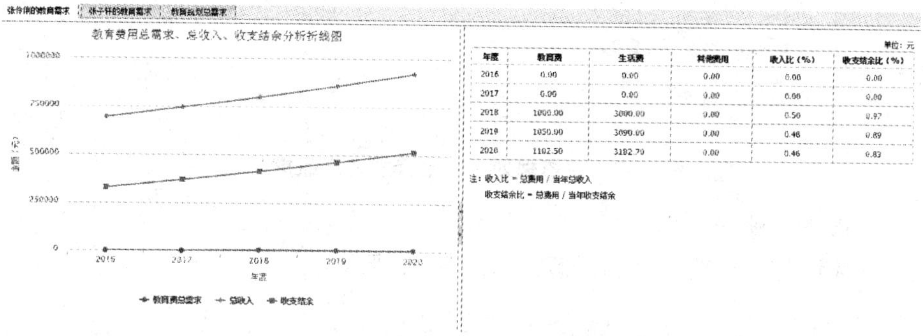

年度	教育费	生活费	其他费用	收入比（%）	收支结余比（%）
2016	0.00	0.00	0.00	0.00	0.00
2017	0.00	0.00	0.00	0.00	0.00
2018	1000.00	3000.00	0.00	0.50	0.97
2019	1050.00	3090.00	0.00	0.48	0.89
2020	1102.50	3182.70	0.00	0.46	0.83

图 3.36（a）　教育规划——教育规划需求分析（1）

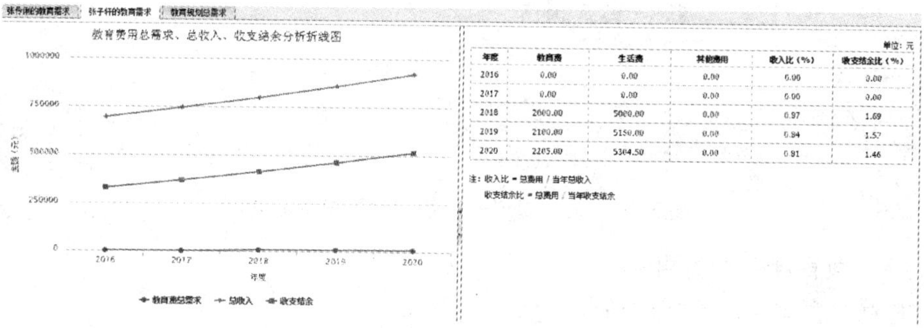

年度	教育费	生活费	其他费用	收入比（%）	收支结余比（%）
2016	0.00	0.00	0.00	0.00	0.00
2017	0.00	0.00	0.00	0.00	0.00
2018	2000.00	5000.00	0.00	0.97	1.69
2019	2100.00	5150.00	0.00	0.94	1.57
2020	2205.00	5304.50	0.00	0.91	1.46

图 3.36（b）　教育规划——教育规划需求分析（2）

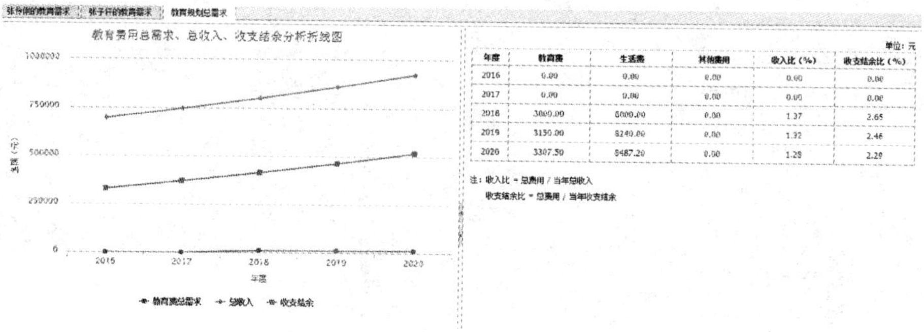

年度	教育费	生活费	其他费用	收入比（%）	收支结余比（%）
2016	0.00	0.00	0.00	0.00	0.00
2017	0.00	0.00	0.00	0.00	0.00
2018	3000.00	8000.00	0.00	1.37	2.65
2019	3150.00	8240.00	0.00	1.32	2.46
2020	3307.50	8487.20	0.00	1.29	2.29

图 3.36（c）　教育规划——教育规划需求分析（3）

（3）教育规划产品推荐

针对教育需求，添加教育产品，如图 3.37 所示。

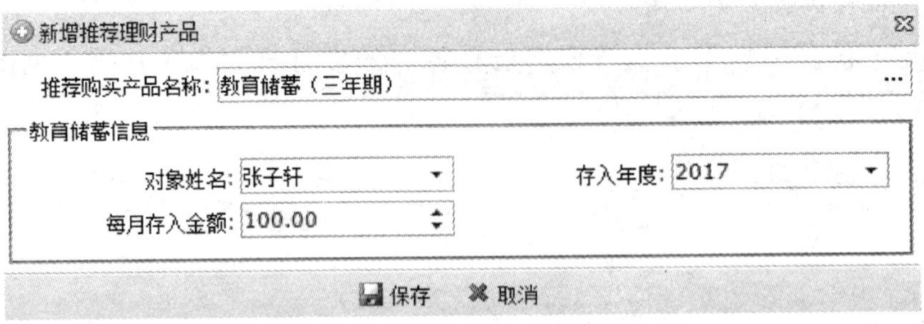

图 3.37　教育规划——教育规划产品推荐

(4) 教育金账户余额图

查看教育需求与教育账户详情，如图 3.38 所示。

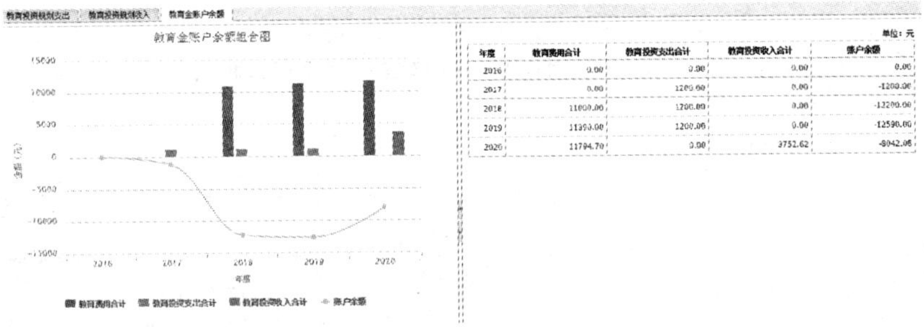

年度	教育费用合计	教育投资支出合计	教育投资收入合计	账户余额
2016	0.00	0.00	0.00	0.00
2017	0.00	1200.00	0.00	-1200.00
2018	11000.00	1200.00	0.00	-12200.00
2019	11390.00	1200.00	0.00	-12590.00
2020	11794.70	0.00	3752.62	-8042.08

图 3.38　教育规划——教育金账户余额图

(5) 教育规划平衡测试

查看教育规划平衡测试情况，见图 3.39。

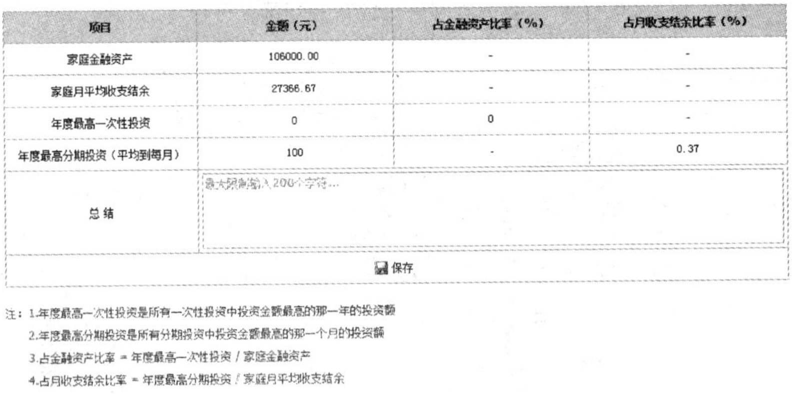

项目	金额（元）	占金融资产比率（%）	占月收支结余比率（%）
家庭金融资产	106000.00	-	-
家庭月平均收支结余	27366.67	-	-
年度最高一次性投资	0	0	-
年度最高分期投资（平均到每月）	100	-	0.37
总 结	最大限制输入200个字符…		

保存

注：1.年度最高一次性投资是所有一次性投资中投资金额最高的那一年的投资额
2.年度最高分期投资是所有分期投资中投资金额最高的那一个月的投资额
3.占金融资产比率 = 年度最高一次性投资 / 家庭金融资产
4.占月收支结余比率 = 年度最高分期投资 / 家庭月平均收支结余

图 3.39　教育规划——教育规划平衡测试

12. 保险规划

保险规划包括寿险规划、健康险规划和财产险规划。

(1) 保险需求规划

在如图 3.40 所示界面，点击“寿险规划目标”，输入寿险需求规划信息。

图 3.40　保险需求规划——寿险规划目标

在图 3.40 所示界面，点击“健康险规划目标”，出现如图 3.41 所示界面。健康险需求规划信息，可以修改和删除。

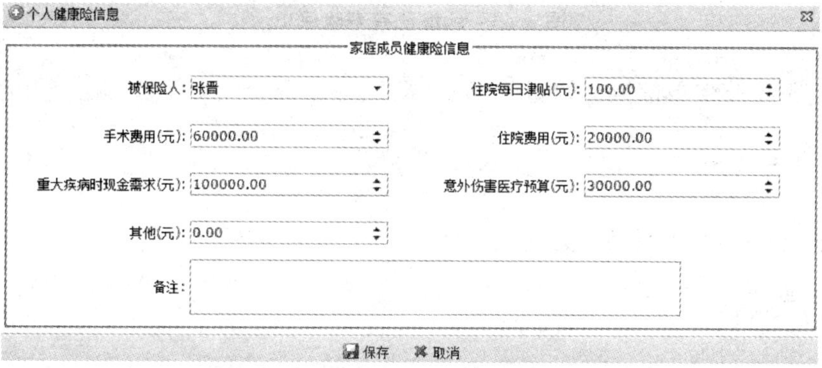

图 3.41　保险需求规划——健康险需求规划

在图 3.40 所示界面，点击“财险规划信息”按钮，出现如图 3.42 所示界面。增加财产险需求规划信息，可以修改和删除。

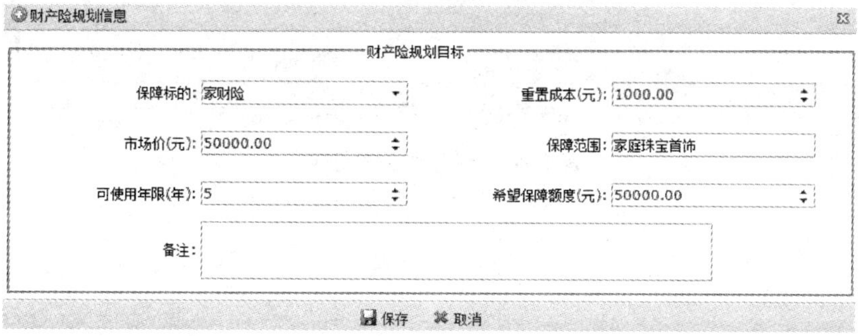

图 3.42　保险需求规划——财产险规划需求

第三篇　综合实训篇

（2）已有保单信息

查已有寿险保单，新增寿险信息，如图 3.43 所示。

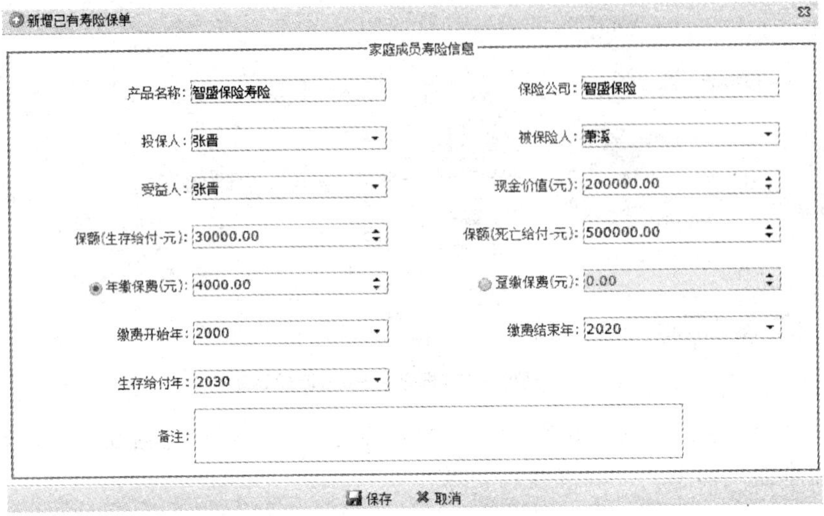

图 3.43　新增已有寿险保单

已有健康险保单信息，如图 3.44 所示。

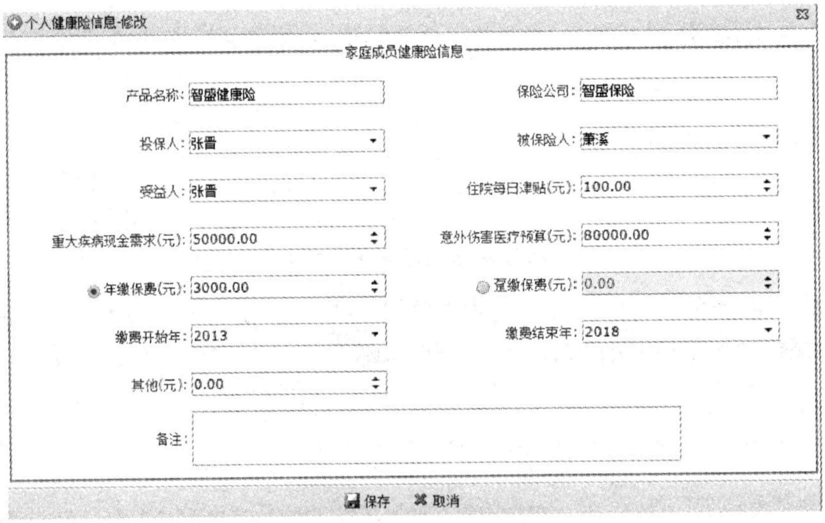

图 3.44　健康险保单信息

已有财产险保单信息，如图 3.45 所示。

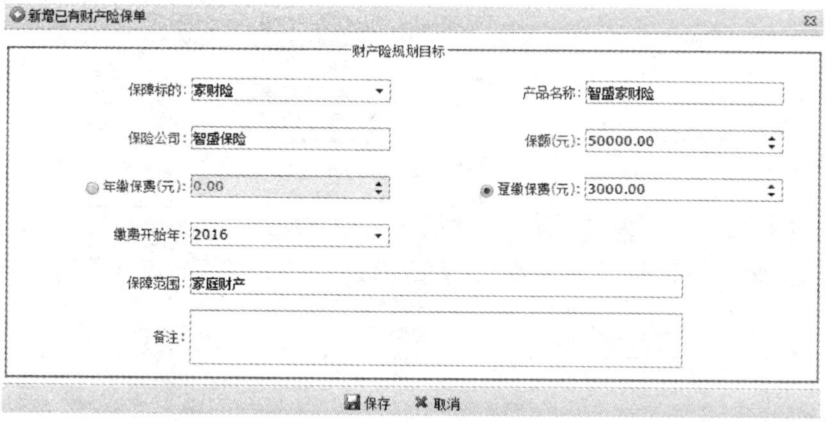

图 3.45　财产险保单信息

（3）社保缴纳详情

输入本人与配偶的社保缴费情况，如图 3.46 所示。

社保缴纳详情

项目		本人	配偶
所在城市		深圳	深圳
当前社保账户个人累计余额(元)		5000.00	3520.00
已缴费年限		3	2
剩余缴费年限		12	13
社保缴费月工资(元)		20000.00	10000.00
养老	计入个人账户的比例(%)	8.00	8.00
	计入个人账户的金额(元)	1600.00	800.00
医疗	计入个人账户的比例(%)	2.00	2.00
	计入个人账户的金额(元)	400.00	200.00
预期个人工资年增长率(%)		5.00	3.00
全省上年度在岗职工月平均工资		6000.00	6000.00
全省上年度在岗职工月平均工资增长率(%)		1.00	1.00

保存

注：1.计入个人账户的金额=社保缴费月工资*计入个人账户的比例

2.已缴费年限 <= 当前年龄-18，剩余缴费年限 <= 退休年龄-当前年龄

图 3.46　家庭成员社保缴纳信息

（4）保险需求分析

进入如图 3.47 所示界面，根据前面填写的已有寿险保单信息，整理家庭寿险需求分析。

寿险需求分析　健康险需求分析　财产险需求分析　计算公式

寿险需求规划

项目			金额(元)
应备资源	依存者需求	子女教育费总需求现值	300000.00
		家庭总支出现值(除子女教育、父母赡养之外的支出)	3264000.00
		父母赡养总支出现值	720000.00
		其他依存者生活费现值	150000.00
		紧急医疗预备金	400.00
	个人费用	最后关怀费	20000.00
		生活重整费	10000.00
		遗产税费	8000.00
	合计		4472400.00
已备资源	未来工作收入现值		13945633.31
	生息资产		157000.00
	社保养老金		1014668.98
	寿险保额		530000.00
	合计		15647302.30
寿险需求缺口			0

图 3.47　寿险需求信息分析

进入如图 3.48 所示界面，根据前面填写的新增健康险需求和已有健康险保单信息，整理家庭健康险需求。

寿险需求分析　健康险需求分析　财产险需求分析　计算公式

	住院时每日津贴			重大疾病时现金需求			意外伤害医疗预算		
被保险人	目标	已备资源	缺口	目标	已备资源	缺口	目标	已备资源	缺口
张晋	100	0	100	100000	0	100000	30000	0	30000

图 3.48　健康险需求分析

（5）保险规划产品推荐

进入如图 3.49 所示界面，根据保险需求，选择保险规划产品。可以新增寿险保单、健康险保单、财产险保单。可以修改和删除。

图 3.49　新增寿险保单

（6）保险规划平衡测试

进入如图 3. 50 所示界面，查看保险平衡测试。

保险规划平衡测试

项目	金额（元）	占收支结余的比例(%)	占年收入的比例(%)
年收入结余	328400.00	-	-
年收入额	694400.00	-	-
原有年保费支出	10000.00	-	1.44
新增年保费支出	3000.00	0.91	-
合计年保费支出	13000.00	-	1.87
总结	最大限制输入150个字符...		
保存			

注：1.原有年保费支出：已有保单中还未缴清的年保费支出合计

2.新增年保费支出：保险规划产品推荐中的年保费支出合计

3.合计年保费支出=原有年保费支出+新增年保费支出

4.占收支结余的比例=新增年保费支出/年收支结余

5.占年收入的比例（原有）=原有年保费支出/年收入额

6.占年收入的比例（合计）=合计年保费支出/年收入额

图 3. 50　保险规划平衡测试

13. 退休养老规划

（1）退休生活目标

进入如图 3. 51 所示界面，输入退休后支出调整系数，或者退休后实际支出金额现值，完成退休生活目标的填制。

退休生活目标

支出项目	现在年支出额(元)	退休后支出调整系数	退休后实际支出金额现值(元)	退休时年生活支出(元)	退休后10年年生活支出(元)	退休后20年年生活支出(元)	退休后30年年生活支出(元)
食品	70000	0.70	49000.00	85921.80	115471.71	155184.32	208554.75
服装	18000	0.60	10800.00	18937.87	25450.91	34203.89	45967.17
住房	4000	0.80	3200.00	5611.22	7541.01	10134.49	13619.90
交通	4000	0.80	3200.00	5611.22	7541.01	10134.49	13619.90
教育	3000	0.50	1500.00	2630.26	3534.85	4750.54	6384.33
娱乐、文化	60000	0.80	48000.00	84168.29	113115.14	152017.30	204298.53
医疗	8000	1.00	8000.00	14028.05	18852.52	25336.22	34049.76
交际	36000	0.80	28800.00	50500.97	67869.09	91210.38	122579.12
其他	4000	0.20	800.00	1402.80	1885.25	2533.62	3404.98
其他应备资源	0	0	10000	17535.06	23565.66	31670.27	42562.19
合计	207000	0.79	163300.00	286347.54	384827.15	517175.51	695040.63
保存							

注：退休后支出调整系数(0~20)、退休后实际支出金额现值（元），标记为红色字体学生填写项，其他为系统生成项。

1.现在年支出额：财务报表中的年支出表

2.退休后实际支出金额现值=现在年支出额*退休后支出调整系数

图 3. 51　退休生活目标示意图

（2）养老保险缴费

进入如图 3. 52 所示界面，完成养老保险缴费的输入。养老保险缴费和风险管理与保险规划中的社保缴纳详情相关联，双方必须一致，修改任意一方，另一方的数据相对变化。

养老保险个人资料 | 养老保险缴费 | 平均缴费指数 | 可领取养老金

养老保险个人资料信息

本人			
账户名称：	张晋	退休年龄：	60
养老金发放月数：	139	已缴费年限：	3
当前社保账户累计余额：	5000.00	个人缴费比例(%)：	1.00
社保缴费月工资(元)：	20000.00	缴费工资年增长率(%)：	5.00
上年度全省职工平均工资：	6000.00	上年度全省职工平均工资增长率(%)：	1.00
剩余缴费年限：	12		
配偶			
账户名称：	萧溪	退休年龄：	55
养老金发放月数：	170	已缴费年限：	2
当前社保账户累计余额：	3520.00	个人缴费比例(%)：	1.00
社保缴费月工资(元)：	10000.00	缴费工资年增长率(%)：	3.00
上年度全省职工平均工资：	6000.00	上年度全省职工平均工资增长率(%)：	1.00
剩余缴费年限：	13		

保存

图 3.52　养老保险个人信息详情

进入如图 3.53 所示界面，查看养老保险账户缴费表。

养老保险个人资料 | 养老保险缴费 | 平均缴费指数 | 可领取养老金

养老保险账户缴费记录表

本人(张晋)						
缴费时间	缴费基数(元)	个人缴费比例(%)	个人每月缴费金额(元)	每月划入账户的金额(元)	该年度账户增加金额(元)	账户累计金额(元)
2016	18000	1.00	200.00	200.00	2400.00	7400.00
2017	18180....	1.00	181.80	181.80	2181.60	9581.60
2018	18361....	1.00	183.62	183.62	2203.42	11785....
2019	18545....	1.00	185.45	185.45	2225.45	14010....
2020	18730....	1.00	187.31	187.31	2247.70	16258....
2021	18918....	1.00	189.18	189.18	2270.18	18528....
2022	19107....	1.00	191.07	191.07	2292.88	20821....
2023	19298....	1.00	192.98	192.98	2315.81	23137....
2024	19491....	1.00	194.91	194.91	2338.97	25476....
2025	19686....	1.00	196.86	196.86	2362.36	27838....
2026	19883....	1.00	198.83	198.83	2385.98	30224....
2027	20082....	1.00	200.82	200.82	2409.84	32634....

配偶(萧溪)						
缴费时间	缴费基数(元)	个人缴费比例(%)	个人每月缴费金额(元)	每月划入账户的金额(元)	该年度账户增加金额(元)	账户累计金额(元)
2016	10000....	1.00	100.00	100.00	1200.00	4720.00
2017	10300....	1.00	103.00	103.00	1236.00	5956.00
2018	10609....	1.00	106.09	106.09	1273.08	7229.08
2019	10927....	1.00	109.27	109.27	1311.27	8540.35
2020	11255....	1.00	112.55	112.55	1350.61	9890.96
2021	11592....	1.00	115.93	115.93	1391.13	11282....
2022	11940....	1.00	119.41	119.41	1432.86	12714....
2023	12298....	1.00	122.99	122.99	1475.85	14190....
2024	12667....	1.00	126.68	126.68	1520.12	15710....
2025	13047....	1.00	130.48	130.48	1565.73	17276....
2026	13439....	1.00	134.39	134.39	1612.70	18889....
2027	13842....	1.00	138.42	138.42	1661.08	20550....
2028	14257....	1.00	142.58	142.58	1710.91	22261....

图 3.53　养老保险缴费详情

进入如图 3.54 所示界面，查看个人平均缴费指数。

养老保险个人资料 | 养老保险缴费 | 平均缴费指数 | 可领取养老金

本人(张晋)		
缴费年限	缴费工资额(元)	全省职工平均工资(元)
2016	20000.00	6060.00
2017	21000.00	6120.60
2018	22050.00	6181.81
2019	23152.50	6243.62
2020	24310.13	6306.06
2021	25525.63	6369.12
2022	26801.91	6432.81
2023	28142.01	6497.14
2024	29549.11	6562.11
2025	31026.56	6627.73
2026	32577.89	6694.01
2027	34206.79	6760.95
本人平均缴费指数		3.00

配偶(萧溪)		
缴费年限	缴费工资额(元)	全省职工平均工资(元)
2016	10000.00	6060.00
2017	10300.00	6120.60
2018	10609.00	6181.81
2019	10927.27	6243.62
2020	11255.09	6306.06
2021	11592.74	6369.12
2022	11940.52	6432.81
2023	12298.74	6497.14
2024	12667.70	6562.11
2025	13047.73	6627.73
2026	13439.16	6694.01
2027	13842.34	6760.95
2028	14257.61	6828.56
配偶平均缴费指数		1.86

图 3.54　养老保险平均缴费指数

进入如图 3.55 所示界面，查看每月可领取养老金。

养老保险个人资料 | 养老保险缴费 | 平均缴费指数 | 可领取养老金

可领取养老金

本人(张晋)		
账户	项目	数据
个人账户养老金	个人账户累计金额(元)	32634.21
	个人账户养老金计发月数(月)	139
	每月可领额度(元)	234.78
基础养老金	全省上年度在岗职工月平均工资(元)	6760.95
	平均缴费指数(元)	3.00
	缴费年限(年)	15
	每月可领取额度(元)	2028.29
每月可领取养老金总额(元)		2263.07
养老金领取开始时间(年度)		2035

配偶(萧溪)		
账户	项目	数据
个人账户养老金	个人账户累计金额(元)	22261.35
	个人账户养老金计发月数(月)	170
	每月可领额度(元)	130.95
基础养老金	全省上年度在岗职工月平均工资(元)	6828.56
	平均缴费指数(元)	1.86
	缴费年限(年)	15
	每月可领取额度(元)	1464.73
每月可领取养老金总额(元)		1595.68
养老金领取开始时间(年度)		2032

注：1.个人账户养老金每月可领额度=个人账户储存额÷个人账户养老金计发月数

2.基础养老金每月可领额度＝全省上年度在岗职工月平均工资*(1+本人平均缴费指数)÷2×缴费年限×1%

3.每月可领取养老金总额=个人账户养老金每月可领取额度+基础养老金每月可领取额度

图 3.55　可领取养老金示意图

（3）企业年金与退休后其他收入

进入如图 3.56 所示界面，可新增本人与配偶的企业年金与退休后其他收入。

新增　修改　删除

	企业年金				退休后	
姓名	领取方式	领取起始时间(年)	领取终止时间(年)	领取金额(元)	其他退休后年收入(元)	备注
张晋	按年	2024	2051	2000	1000	
萧溪	按月	2040	2055	300	800	

图 3.56　家庭年金和退休收入示意图

（4）商业养老保险

进入如图 3.57 所示界面，可以对商业养老保险进行补充。

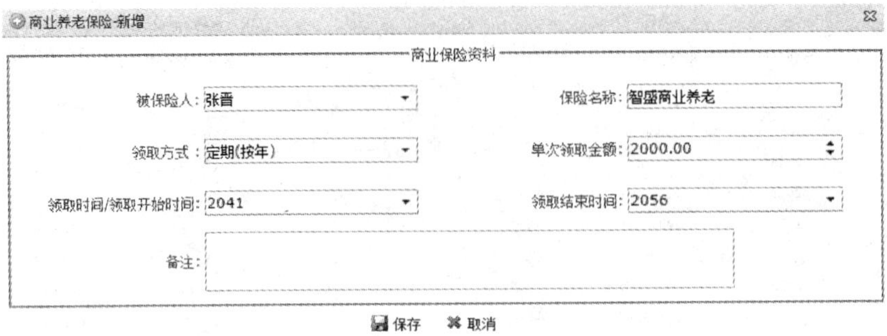

图 3.57　商业保险信息

（5）退休养老需求分析

进入如图 3.58 所示界面，可以查看退休养老需求数据和收入支出列表，分析家庭养老需求。

退休养老需求数据

退休时退休生活总需求（元）	退休时已备资源总额（元）	退休时退休金缺口（元）
4581560.64	801241.12	3780319.52

退休规划收入支出表

年份	退休规划年支出额(元)	退休规划年收入额(元)
2016	207000.00	0.00
2017	213210.00	0.00
2018	219606.30	0.00
2019	226194.49	0.00
2020	232980.32	0.00
2021	239969.73	0.00
2022	247168.83	0.00
2023	254583.89	0.00
2024	262221.41	2000.00
2025	270088.05	2000.00
2026	278190.69	2000.00
2027	286536.41	2000.00

图 3.58　退休养老规划分析示意图

（6）退休规划理财产品推荐

进入如图 3.59 所示界面，根据养老规划需求分析，选择理财产品。

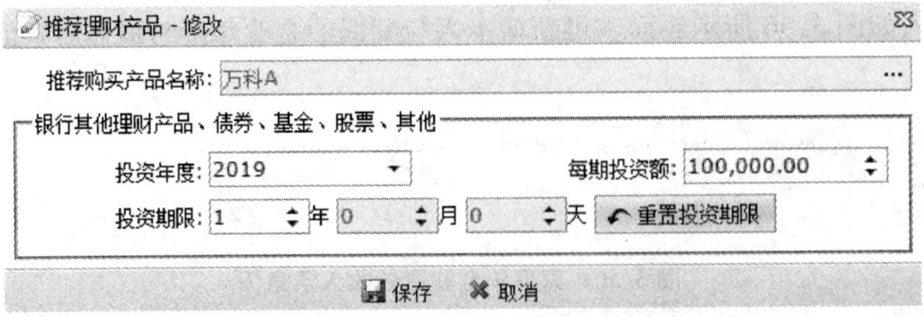

图 3.59　退休理财产品选择示意图

（7）退休养老规划现金流

进入如图 3.60 所示界面，查看退休养老规划现金流数据。

退休养老规划现金流

年份	退休规划年支出额(元)	退休规划年收入额(元)	理财产品支出总额(元)	理财产品收入总额(元)
2016	207000.00	0.00	0.00	0.00
2017	213210.00	0.00	0.00	0.00
2018	219606.30	0.00	0.00	0.00
2019	226194.49	0.00	100000.00	0.00
2020	232980.32	0.00	0.00	106000.00
2021	239969.73	0.00	2020.00	0.00
2022	247168.83	0.00	0.00	2151.30
2023	254583.89	0.00	0.00	0.00
2024	262221.41	2000.00	0.00	0.00
2025	270088.05	2000.00	0.00	0.00
2026	278190.69	2000.00	0.00	0.00
2027	286536.41	2000.00	0.00	0.00
2028	295132.50	2000.00	0.00	0.00
2029	303986.48	2000.00	0.00	0.00
2030	313106.07	2000.00	0.00	0.00
2031	322499.26	2000.00	0.00	0.00

图 3.60　退休养老规划现金流示意图

（8）退休规划平衡测试

进入如图 3.61 所示界面，查看规划平衡测试。

退休规划平衡测试

项目	金额（元）	占金融资产比率(%)	占月收支结余比率(%)
家庭金融资产	106000.00	-	-
家庭月平均收支结余	27366.67	-	-
最高年度一次性投资	100000.00	94.34	-
年度最高分期投资（平均到每月）	0.00	-	0.00
总结	最大限制输入150个字符...		
保存			

注：1.年度最高一次性投资：所有一次性投资中投资金额最高的那一年的投资额

2.年度最高分期投资：有分期投资中投资金额最高的那一个月的投资额

3.占金融资产比率=年度最高一次性投资/家庭金融资产

4.占月收支结余比率=年度最高分期投资/家庭月平均收支结余

图 3.61　退休规划平衡测试

14. 税收筹划

（1）税收缴纳

进入如图 3.62 所示界面，根据个人收入与个人所得税规定，输入家庭所需要缴纳的税收信息。

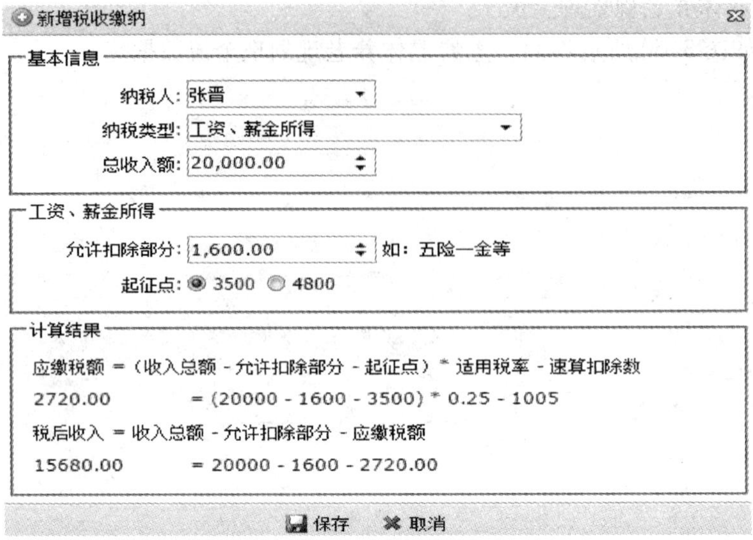

图 3.62 **新增税收缴纳**

（2）合理避税方法建议

进入如图 3.63 所示界面，根据纳税情况，给出合理避税的方法建议。

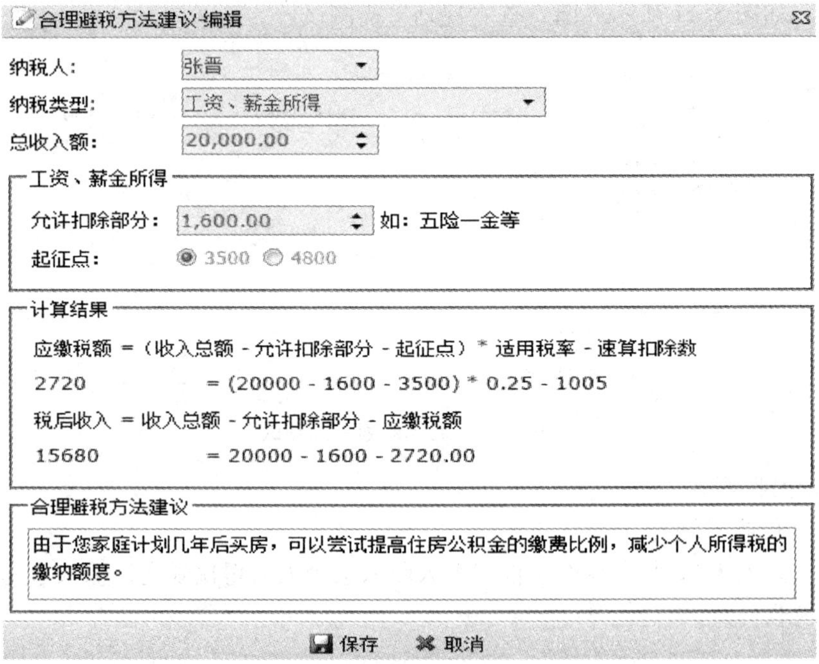

图 3.63 **合理避税方法建议-编辑**

15. 总现金流

进入如图 3.64（a）、图 3.64（b）、图 3.64（c）所示界面，根据个人收入和税收筹划，可以得出家庭总现金流量表。

表格 | 折线图 | 计算公式

	家庭成员年龄				收入				支出			
年份	张青	[illegible]	张子轩	[illegible]	工作收入	理财收入	其他收入	总收入	消费支出	理财支出	其他支出	总支出
2016	41	39	13	9	493000.00	532827.92	2600.00	1027827.92	207000.00	387620.00	77000.00	671620.00
2017	42	40	14	10	532440.00	898225.52	2040.00	1432705.52	213210.00	399248.60	78540.00	690998.60
2018	43	41	15	11	575035.20	1285546.97	2080.80	1862662.97	219606.30	411226.06	80110.80	710943.16
2019	44	42	16	12	621038.02	1696107.71	2122.42	2319268.15	226194.49	423562.84	81713.02	731470.35
2020	45	43	17	13	670721.06	2131302.09	2164.87	2804188.02	232980.32	436269.73	83347.28	752597.33
2021	46	44	18	14	724378.74	2592608.14	2208.17	3319195.05	239969.73	449357.82	85014.23	774341.78
2022	47	45	19	15	782329.04	3081592.55	2252.33	3866173.92	247168.82	462838.55	86714.51	796721.89
2023	48	46	20	16	844915.36	3599916.02	2297.38	4447128.76	254583.88	476723.71	88448.80	819756.39
2024	49	47	21	17	912508.59	4149338.90	2343.33	5064190.82	262221.40	491025.42	90217.78	843464.60
2025	50	48	22	18	985509.28	4731727.15	2390.20	5719626.63	270088.04	505756.18	92022.14	867866.36
2026	51	49	23	19	1064350.02	5349058.70	2438.00	6415846.72	278190.68	520928.87	93862.58	892982.13
2027	52	50	24	20	1149498.03	6003430.14	2486.76	7155414.93	286536.40	536556.74	95739.83	918832.97
2028	53	51	25	21	1241457.87	6697063.87	2536.50	7941058.24	295132.49	552653.44	97654.63	945440.56
2029	54	52	26	22	1340774.50	7432315.62	2587.23	8775677.35	303986.46	569233.04	99607.72	972827.22
2030	55	53	27	23	1448036.46	8211682.48	2638.97	9662357.91	313106.05	586310.03	101599.87	1001015.95
2031	56	54	28	24	1563879.37	9037811.35	2691.75	10604382.47	322499.23	603899.33	103631.87	1030030.43
2032	57	55	29	25	1233339.35	9913507.95	2745.59	11149592.89	332174.21	622016.31	105704.51	1059895.03
2033	58	56	30	26	1332006.50	10841746.35	2800.50	12176553.35	342139.44	640676.80	107818.60	1090634.84
2034	59	57	31	27	1438567.02	11825679.05	2856.51	13267102.58	352403.62	659897.10	109974.97	1122275.69
2035	60	58	32	28		12868647.71	2913.64	12871561.35	254083.01		112174.47	366257.48

图 3.64（a） 家庭总现金流量表 1

表格 | 折线图 | 计算公式

		资产					负债				
总支出	收支结余	自用资产	实物资产	金融资产	企业股权	总资产	流动负债	长期负债	企业负债	总负债	净资产
995620.00	328400.00	2220000.00	51000.00	106000.00	0.00	2377000.00	21350.00	60000.00	0.00	81350.00	2295650.00
1024718.60	1149586.92	2256000.00	51830.00	1258766.92	0.00	3566596.92	21380.50	62200.00	0.00	83580.50	3483016.42
1054674.76	1954084.21	2292720.00	52677.90	3250614.14	0.00	5596012.04	21411.78	64502.00	0.00	85913.78	5510098.26
1085513.90	2808616.01	2330174.46	53544.17	6156748.57	0.00	8540467.14	21443.88	66911.02	0.00	88354.90	8452112.24
1117262.18	3716279.31	2368377.89	54429.28	10057730.34	0.00	12480537.51	21476.80	69432.33	0.00	90909.13	12389628.39
1149946.58	4680363.14	2407345.45	55333.74	15039825.39	0.00	17502504.58	21510.57	72071.46	0.00	93582.03	17408922.55
1183594.83	5704360.64	2447092.35	56258.04	21195380.79	0.00	23698731.18	21545.22	74834.23	0.00	96379.45	23602351.73
1218235.52	6791981.69	2487634.20	57202.72	28623223.90	0.00	31168060.82	21580.76	77726.72	0.00	99307.48	31068753.34
1253898.11	7947166.47	2528986.89	58168.31	37429087.09	0.00	40016242.29	21617.24	80755.35	0.00	102372.59	39913869.70
1290612.88	9174099.94	2571166.62	59155.36	47726059.64	0.00	50356381.62	21654.66	83926.83	0.00	105581.49	50250800.13
1328421.04	10477227.04	2614189.96	60164.44	59635068.47	0.00	62309422.87	21693.06	87248.23	0.00	108941.29	62200481.59
1367324.74	11861269.03	2658073.76	61196.13	73285389.55	0.00	76004659.44	21732.46	90726.94	0.00	112459.40	75892200.04
1407387.09	13331240.72	2702835.23	62251.05	88815191.96	0.00	91580278.24	21772.89	94370.75	0.00	116143.64	91464134.60
1448632.15	14892468.95	2748491.93	63329.80	106372116.67	0.00	109183938.40	21814.39	98187.83	0.00	120002.22	109063936.18
1491095.03	16550612.05	2795061.77	64433.03	126113892.22	0.00	128973387.02	21856.97	102186.75	0.00	124043.72	128849343.30
1534811.88	18311680.71	2842563.01	65561.39	148208989.70	0.00	151117114.10	21900.68	106376.51	0.00	128277.19	150988836.91
1579819.92	19726409.70	2891014.27	66715.56	172381669.09	0.00	175339398.92	21945.53	110766.56	0.00	132712.09	175206686.83
1626157.48	21676430.80	2940434.55	67896.22	199229549.96	0.00	202237880.73	21991.57	115366.82	0.00	137358.39	202100522.34
1673864.01	23746835.60	2990843.25	69104.09	228953272.06	0.00	232013219.40	22038.83	120187.72	0.00	142226.55	231870992.85
366257.48	25748116.72	3042260.11	70339.91	261569986.94	0.00	264682586.96	22087.34	125240.19	0.00	147327.53	264535259.43
376123.46	27998424.56	3094705.31	71604.43	297415511.11	0.00	300581820.85	22137.13	130535.71	0.00	152672.84	300429148.01

图 3.64（b） 家庭总现金流量表 2

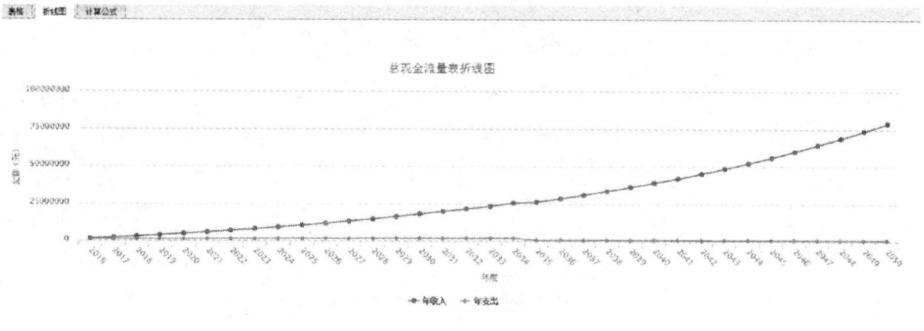

图 3.64（c） 家庭总现金流量折线图

16. 理财报告建议书

（1）理财报告建议书说明内容补充

进入如图 3.65 所示界面，系统自动生成理财建议报告后，可对此报告进行文字补充和特别说明。

图 3.65　内容编辑

（2）生成预览理财报告建议书

点击“生成预览 PDF 文件”，生成理财规划建议书，见图 3.66，只有生成预览后才能下载。如果修改了理财规划的内容信息，要重新生成预览。

图 3.66　导出 PDF 文件——理财规划建议书

（3）下载理财报告建议书

进入如图 3.66 所示界面，点击“下载 PDF 文件”，下载理财规划建议书。

【实训思考】

1. 需要缴纳个人所得税的种类有哪些？我国现行的个税减免政策是什么？
2. 个人工资薪金所得税的税率和计算方法是什么？
3. 你认为有必要制定退休理财规划吗？
4. 适合退休理财的投资工具有哪些？
5. 试着为你的父母设计一份退休理财规划。

实训八　财商训练互联网征信虚拟仿真实验[①]

【实训目的与要求】

1. 理解互联网征信的意义。
2. 理解和掌握互联网征信与实体投资的关系。
3. 掌握互联网征信的要素。
4. 掌握并熟悉互联网征信的流程。
5. 运用互联网征信的方法。
6. 理解并掌握企业信用评价方法。
7. 掌握提升企业融资效率的方法和途径。

【实训准备知识】

一、互联网征信的意义

实体投资是个人投资理财的重要组成部分。在国家号召“大众创新、万众创业”的时代背景下，互联网征信利用互联网金融技术，突出了在信息获取途径、提升企业征信评级等方面的优势，助力创业投资、融资。传统的征信模式以中国人民银行征信中心采集的金融机构贷款信息为主。许多小微企业和个体商户很难获得商业银行贷款。企业融资征信中缺乏信贷信息而影响信用评级，直接影响企业融资效率。互联网征信为小微企业融资征信提供了新兴渠道。目前互联网征信专业化、市场化的趋势已经十分清晰。大型的互联网征信平台如阿里信用已经上线。一些商业银行在对中小企业的授信活动中，积极尝试与专业的、独立的征信机构合作，扩大对小微企业的征信数据范畴。

互联网征信是互联网金融的重要内容，是金融创新的热点，是提升企业信用管理水平，提高融资效率的新兴途径。互联网+环境下的大数据、AI技术对征信方式、信息来源、信用评价体系迅速渗透，征信已经向以互联网技术为核心的“新技术+大数据”发展。本实验项目把互联网征信平台运作中的数据挖掘、整理、

① 2019年度重庆市虚拟仿真实验教学认定项目（渝教高发〔2019〕17号）。

分析等过程进行虚拟仿真，克服传统实验无法解决的超大数据互联、剖析、关联隐蔽等高成本、复杂性问题，将财商训练和“新儒商”精神融入其中。仿真互联网征信平台的运营过程，是把抽象的数据处理、数据储存、数据分析在仿真化、情景化、角色化的形态下展现出来。本项目借助虚拟仿真手段、实验平台、在线教学平台、智能终端等构建了“线上+线下+智能+虚拟仿真”为特征的“四位一体”教学环境。通过可视化的实验过程，学生可熟练掌握互联网征信的要素、程序、方法，理解经营行为与信用水平、融资效率之间的关系。

二、互联网征信的概念

互联网征信是信息技术与金融创新交叉融合的发展热点。它是专业的、独立的第三方机构为企业或个人建立信用档案，依法采集信用信息，并对外提供信息服务的一种活动，为需要融资的企业诊断信用水平和提出改进建议，为专业化的授信机构提供信用信息共享平台。

三、互联网征信范畴

（1）企业概况：企业基本工商注册登记信息；企业近期经营业绩；近期主要财务指标，如总资产、净资产、主营业务收入、毛利率、净利润等。

（2）现有股权结构、股权以及业务历史沿革。

（3）人力资源管理：企业管理组织结构；部门设置及人员配置；各部门职责权限；员工结构、学历；考核制度等。

（4）企业高管情况：董事、高级管理人员、技术人员简历。

（5）企业产品与技术：产品简介；与同行同类产品比较等。

（6）行业及上下游情况：行业现状及发展前景；行业所处生命周期发展阶段；中国特殊的经营环境和经营风险分析等。

（7）财务情况：近期财务报表（资产负债表、利润表、现金流量表）；应收及预付账款、其他应收应付款、存货及固定资产、无形资产、长期投资、长短期借款、应缴税费等。

（8）第三方平台交易信息：企业法人个人交易信息（如水、电、气费）、信用卡还款信息等。

（9）第三方平台账户信息：第三方账户转账、提现记录、资金结算、资金往来状况，资金周转、资金使用信息。

（10）第三方平台信用评价信息：有担保功能的第三方支付公司与电子商务网站合作，网上交易行为形成信用数据。

【实训内容】

（1）学生选择实验角色，选择实验参数。实验角色是不同信贷需求和信用水平的小微企业家。

（2）企业向银行提出信贷申请，填写贷款申请表。

（3）银行信贷专员向企业法人讲明信贷程序和征信要求。

（4）银行向征信平台发出征信需求，提出征信内容。

（5）企业向互联网征信平台提供信用资料，征信专员将企业信息和数据输入系统。

（6）征信平台通过数据爬虫采集数据。征信平台从企业融资的实际需求出发，确定需要采集的数据种类。

（7）征信平台运用征信模型进行信用评分。信用评分运用数据挖掘技术和统计分析方法，通过对个人的基本情况、信用历史记录、交易记录等大数据进行系统的分析。信用评分模型有各种类型，能够预测未来不同的信用表现，在对征信数据进行分析是，要借助统计分析方法。实验中学生填写参数即可出现分析结果。

（8）给出征信评价结果，出具征信报告、提出改进建议。征信报告为既定模板。学生根据实验分析数据填写。

（9）征信平台将得出结果反馈给企业，企业按评价改进建议补充企业信息、完善资料，并提交给征信平台。

（10）征信平台更新信用测评，更新信用报告。

（11）银行等金融机构根据信用报告给出信贷决定。

（12）平台能在实验完成后可以在线编辑实验报告提交到教师管理端进行批阅。

（13）平台包括可以在线进行交流提问，可查看老师对问题的回复。

【实训步骤】

一、登录 www.ilab-x.com，选择“财商训练互联网征信虚拟仿真”实验项目，进入首页，开始实验。（请用谷歌或火狐浏览器。）如图 3.67 所示。

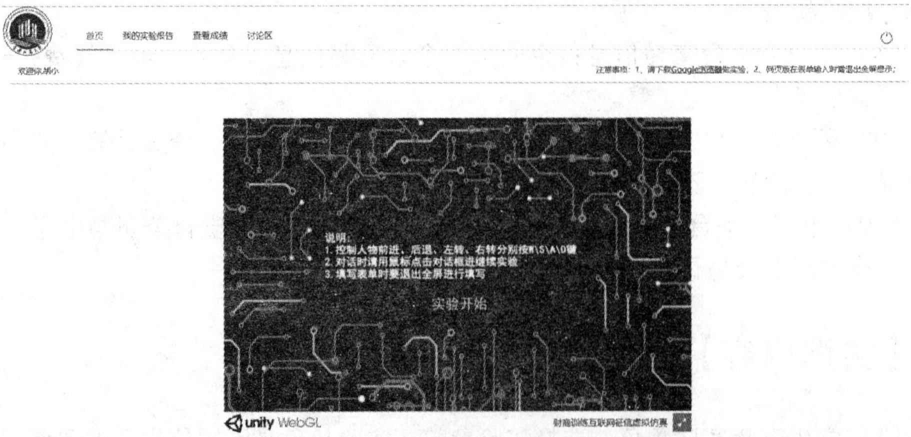

图 3.67　实验说明

阅读实验说明，点击“实验开始”，如图 3.68。

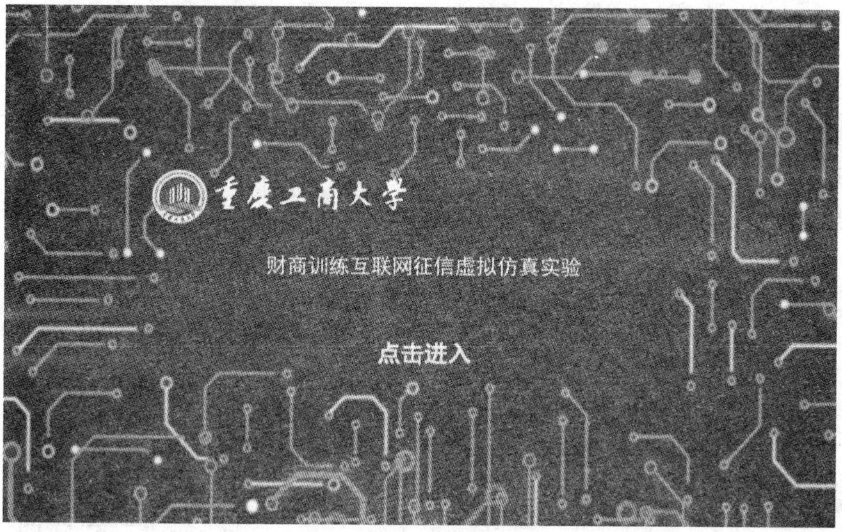

图 3.68 实验项目首页

二、设置企业基本信息

1. 页面加载完成，学生进入进入虚拟三维实验场景中，可查看财务状况信息不同的企业：A 企业、B 企业。点击利润表可查看大图展示。点击其中一个企业进行实验。点击“A 企业”，如图 3.69 所示。

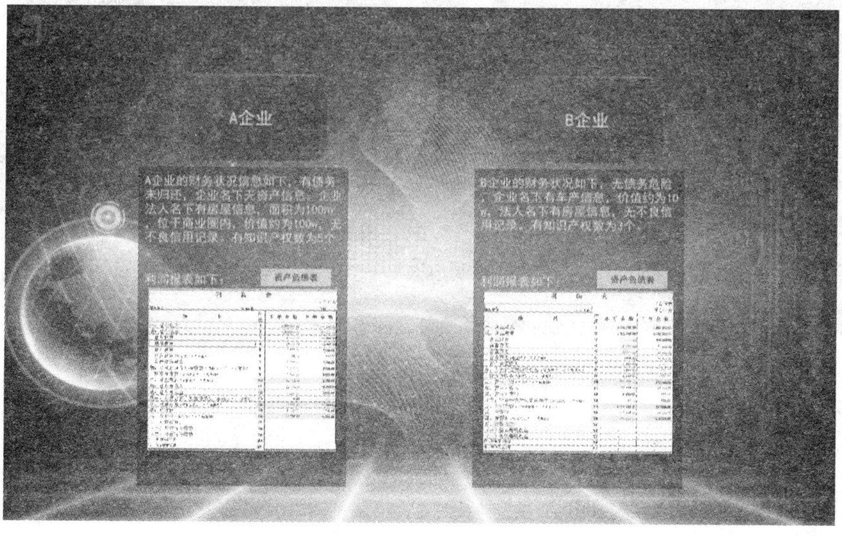

图 3.69 选择角色

双击“利润报表”，详读利润表，深入了解企业财务状况。如图 3.70。

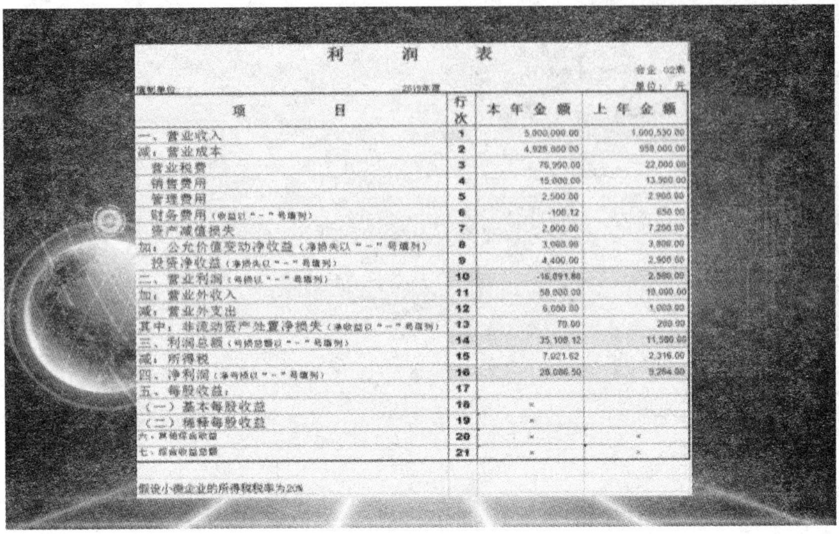

利　　润　　表

会企 02表

编制单位：　　　2019年度　　　单位：元

项　　目	行次	本年金额	上年金额
一、营业收入	1	5,000,000.00	1,000,530.00
减：营业成本	2	4,928,000.00	958,000.00
营业税费	3	75,990.00	22,000.00
销售费用	4	15,000.00	13,500.00
管理费用	5	2,500.00	2,905.00
财务费用（收益以“－”号填列）	6	-100.12	650.00
资产减值损失	7	2,000.00	7,200.00
加：公允价值变动净收益（净损失以“－”号填列）	8	3,060.00	3,800.00
投资净收益（净损失以“－”号填列）	9	4,400.00	2,900.00
二、营业利润（亏损以“－”号填列）	10	-16,891.88	2,580.00
加：营业外收入	11	50,000.00	10,000.00
减：营业外支出	12	6,000.00	1,000.00
其中：非流动资产处置净损失（净收益以“－”号填列）	13	70.00	200.00
三、利润总额（亏损总额以“－”号填列）	14	35,108.12	11,580.00
减：所得税	15	7,021.62	2,316.00
四、净利润（净亏损以“－”号填列）	16	28,086.50	9,264.00
五、每股收益：	17		
（一）基本每股收益	18	×	
（二）稀释每股收益	19	×	
六、其他综合收益	20	×	×
七、综合收益总额	21	×	×

假设小微企业的所得税税率为20%

图 3.70　角色财务信息

2. 选择贷款类型：信用贷款、抵押贷款，目前两种贷款类型操作流程相同。点击“信用贷款”，如图 3.71 所示。

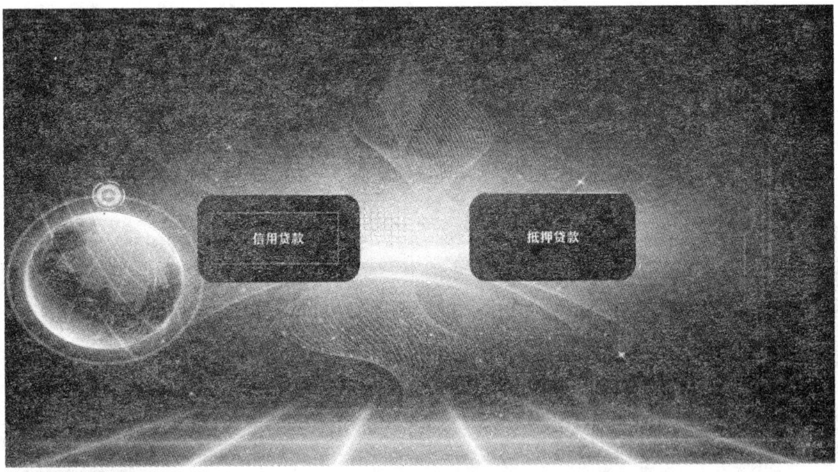

图 3.71　贷款种类

3. 设置企业基本信息。输入真实的企业信息，要注意前后信息一致，真实可查。输入企业身份信息、主要出资人信息（股东）、法人高管信息，正确完整后，点击“提交”，如图 3.72。

图 3.72　企业基本信息表

4. 选择携带的资料，可全选也可选择目前携带的。点击“提交”，如图 3.73 所示。

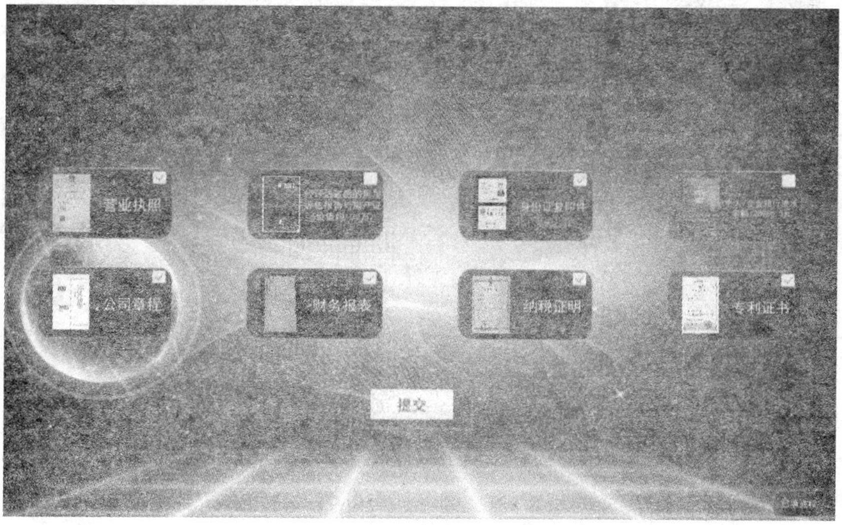

图 3.73　信贷资料

提交资料后，按回车或鼠标点击页面进入下一步。如图 3.74 所示。

图 3.74　进入三维界面

三、向银行提出信贷申请

1. 企业法定代表人点击对话框进入对话流程，如图 3.75 所示。

图 3.75　银行信贷场景 1

点击对话框，继续实验，如图 3.76 所示。

图 3.76　银行信贷场景 2

2. 填写中国×××银行小微企业信贷业务申请书，输入企业基本信息、企业信贷需求。这里填写的信息要和前面设置的企业基本信息保持一致（可点击右下角“已填资料”查看，也可点击右上角“数据输入说明和微视频”学习操作步骤）。如图 3.77 所示。

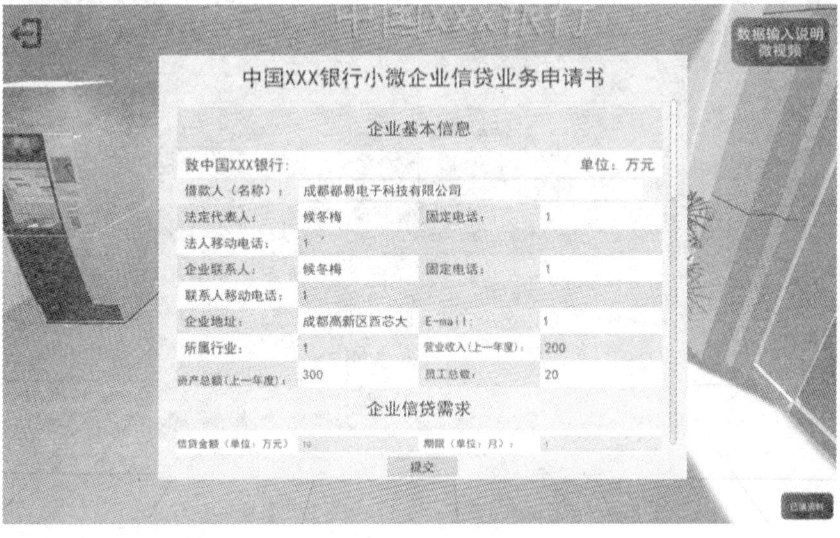

图 3.77　信贷申请表 1

填写完表格中的内容，点击“盖章”，如图 3. 78 所示。

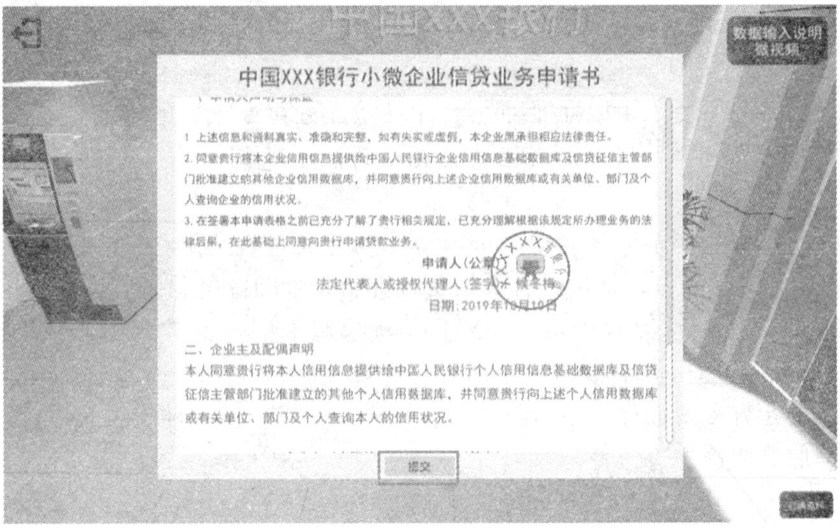

图 3. 78　银行信贷场景 2

3. 根据提示走近银行柜台。操作键盘上的【←Home】键——【↑PgUp】键。如图 3. 79 所示。

图 3. 79　银行信贷场景 3

4. 向银行员工提交资料。点击对话框进入对话流程，如图 3.80 所示。

图 3.80 银行信贷场景 4

点击对话框，继续实验，按对话要求提交相关资料。如图 3.81 所示。

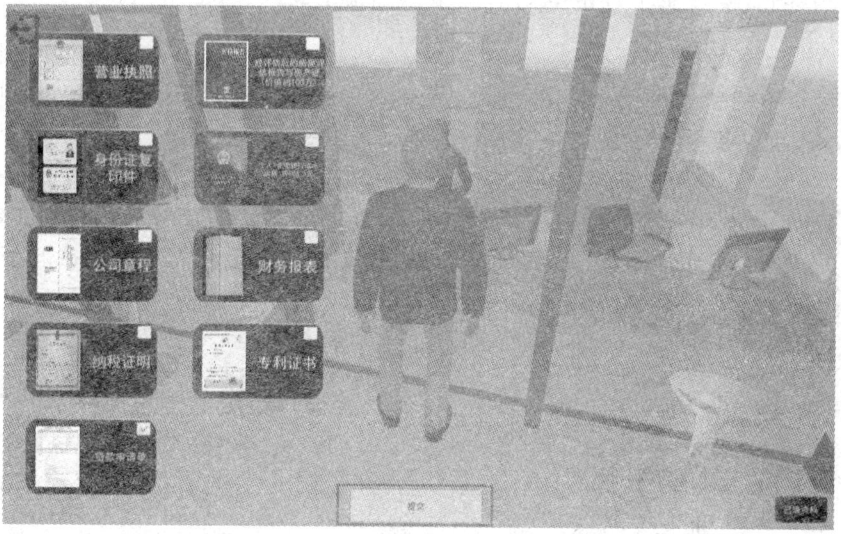

图 3.81 提交资料

银行后台将企业提交的表格和资料等信息传送给互联网征信公司。如图 3.82 所示。

图 3.82　银行信贷场景 5

5. 提交资料后，法定代表人在银行的柜机上打印个人征信报告。操作键盘上的【↑PgUp】、【→End】、【↓PgDn】键。如图 3.83 所示。

图 3.83　个人征信场景 1

点击“打印报告”，如图 3. 84 所示箭头所在位置。

图 3. 84　个人征信场景 2

阅读企业法定代表人征信报告，掌握法定代表人个人征信情况，思考法定代表人信用水平与企业信用水平的关系，如图 3. 85 所示。然后点击“收起”后，进入征信平台场景。

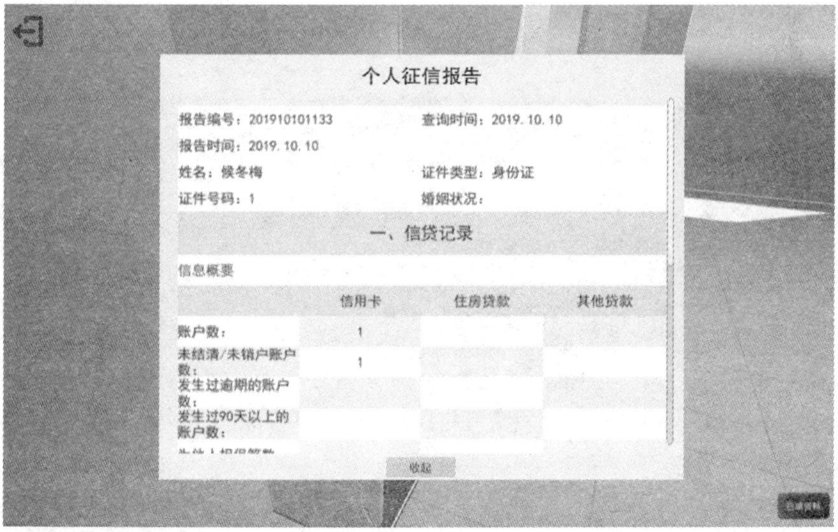

图 3. 85　个人征信报告

四、向征信平台提出征信评估

1. 进入征信平台机构，操作键盘上的【←Home】、【↑PgUp】、【↓PgDn】、【→End】键。与工作人员对话，点击对话框，如图 3.86 所示。

图 3.86　互联网征信平台场景

2. 填写企业信用信息申请表，输入真实信息后，点击“盖章”，然后点击“提交”，如图 3.87 所示。

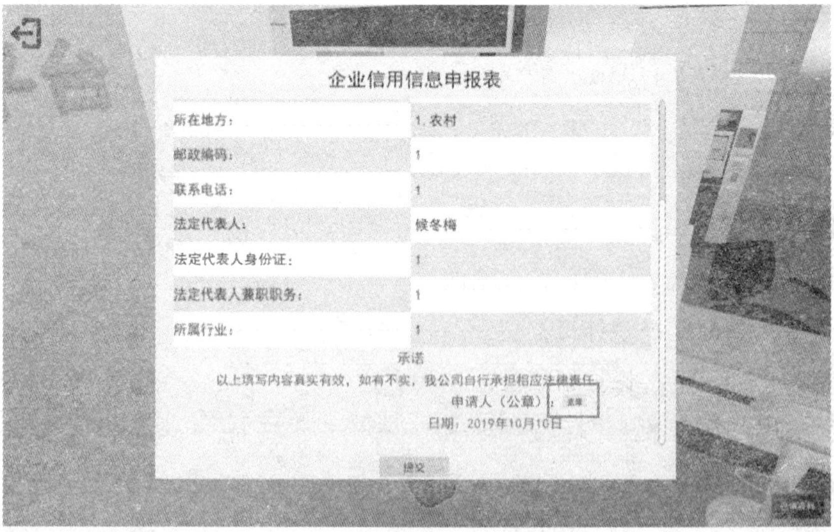

图 3.87　企业信用申请表

3. 提交资料，征信平台通过数据爬虫采集数据，从企业融资的实际需求出发，确定需要采集的数据种类。如图 3.88 所示。

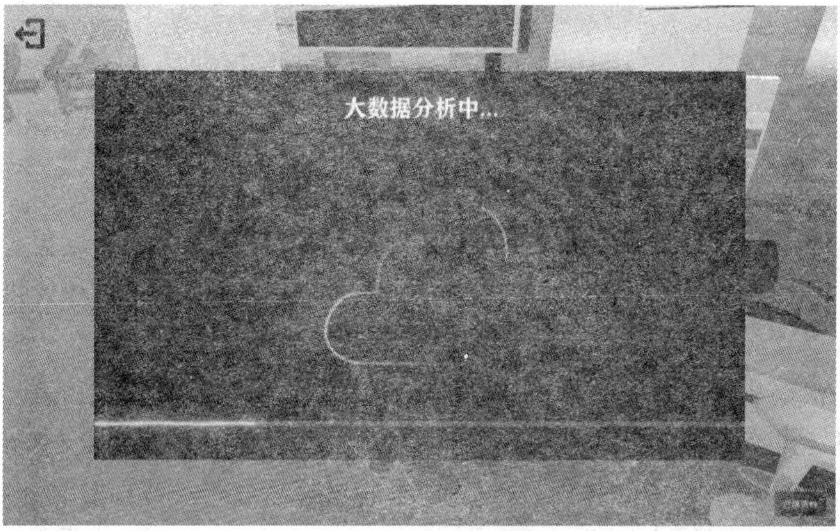

图 3.88　大数据分析

4. 征信平台运用征信模型进行信用评分。信用评分运用数据挖掘技术和统计分析方法，通过对个人的基本情况、信用历史记录、交易记录等大数据进行系统的分析。信用评分模型有各种类型，能够预测未来不同的信用表现，在对征信数据进行分析时要借助统计分析方法。实验中学生填写参数即可出现分析结果。如图 3.89 所示。

图 3.89　征信平台交流场景

5. 获得企业信用报告，出具征信报告、提出改进建议。得出信用评分，低于 30 则通过，若高于 30 则不通过。如图 3.90 所示。

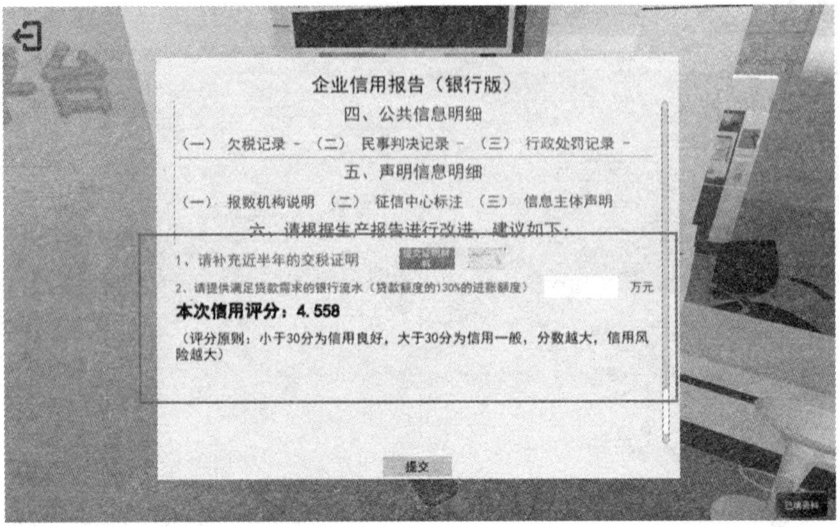

图 3.90　企业征信报告

6. 提交证明材料，再次输入模型数据补充完整材料。征信平台更新信用测评，更新企业信息报告。如图 3.91 所示。

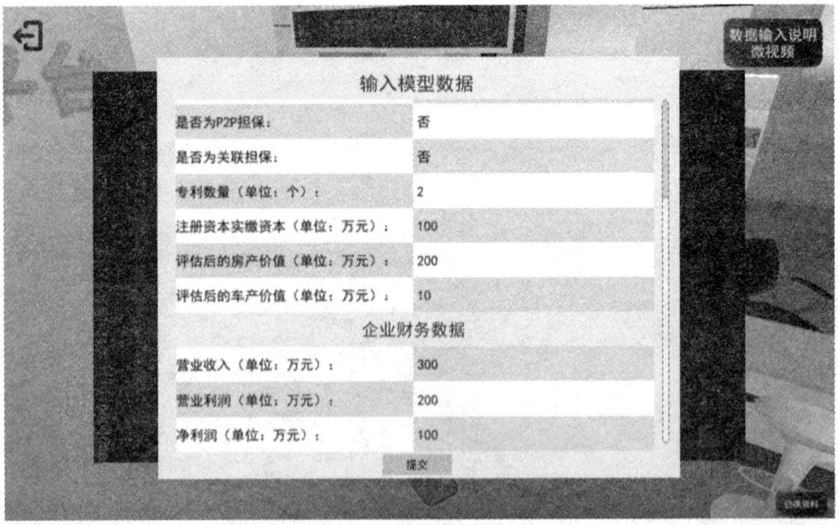

图 3.91　企业征信评价模型

点击对话框，进入下一场景（银行信贷）。此时，企业的信用报告已生成。如图 3.92 所示。

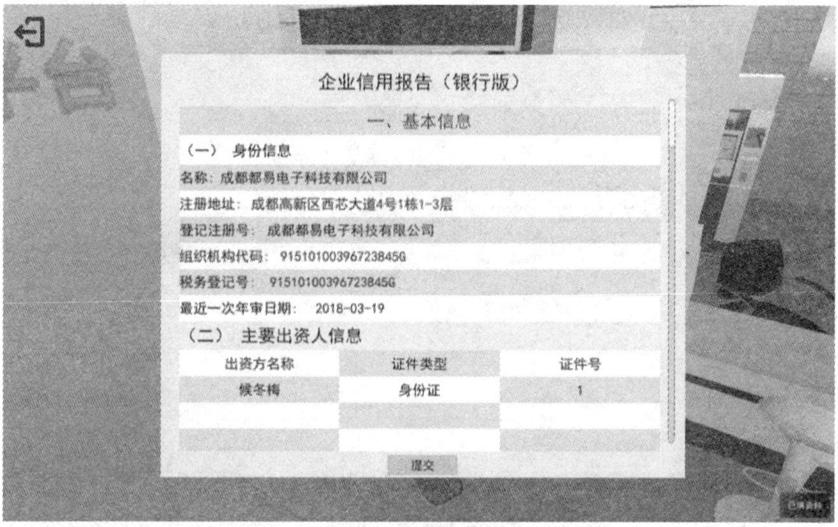

图 3.92　修复后的企业征信报告

点击对话框，进入下一场景（银行信贷）。此时，企业的信用报告已生成。

五、银行信贷给企业

1. 法定代表人回到银行，将企业信用报告和个人征信报告提交给银行。如图 3.93 所示。

图 3.93　到银行提交信用报告

2. 根据提示提交补充资料。如图 3.94 所示。

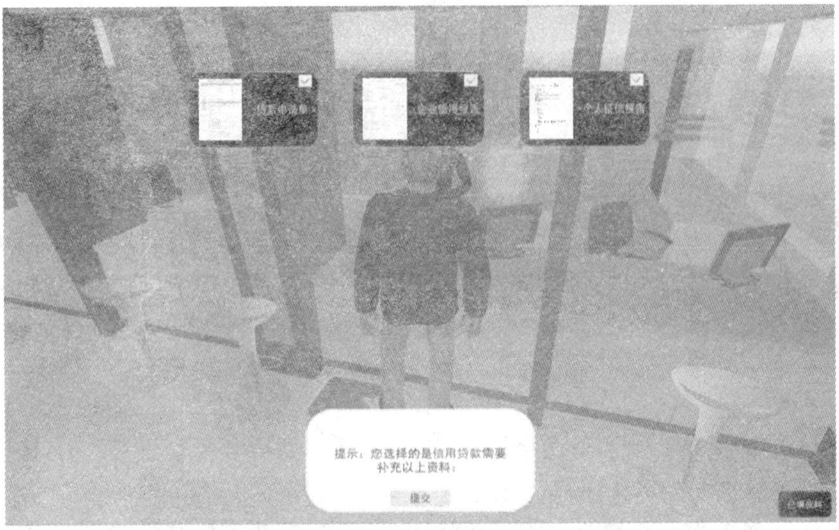

图 3.94　提交资料

3. 得出信贷金额，完成实验，提交实验报告，如图 3.95 所示。

图 3.95　核定贷款数据

4. 学生选择“是”，生成实验报告。如图 3.96 所示。

图 3.96　生成实验报告

5. 提交实验报告，系统自动批阅，教师可进行查看，如图 3.97 所示。

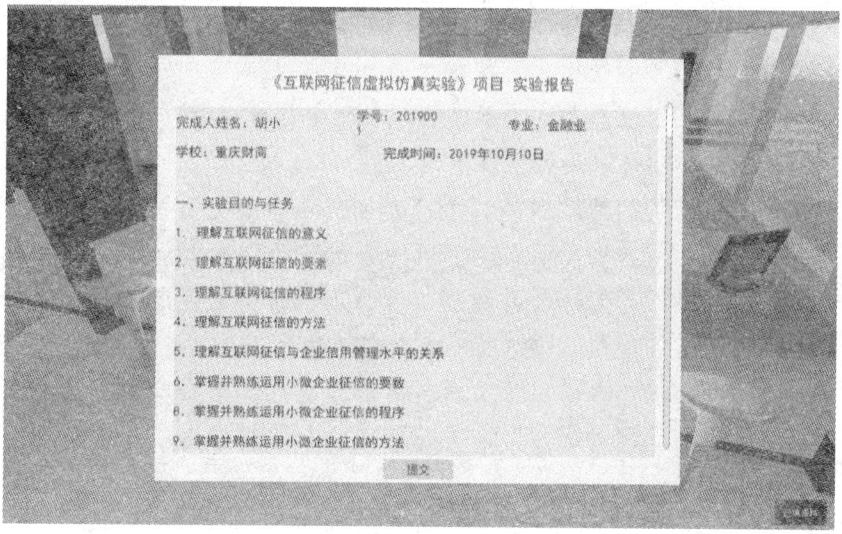

图 3.97　提交实验报告

六、查看成绩

1. 学生完成实验，提交实验报告后，点击“查看成绩”，可查看每次提交实验报告的列表。可查看系统评分和专家评分。如图 3. 98 所示。

图 3. 98　实验评分

2. 点击某次实验可查看该次实验报告，如图 3. 99 所示。

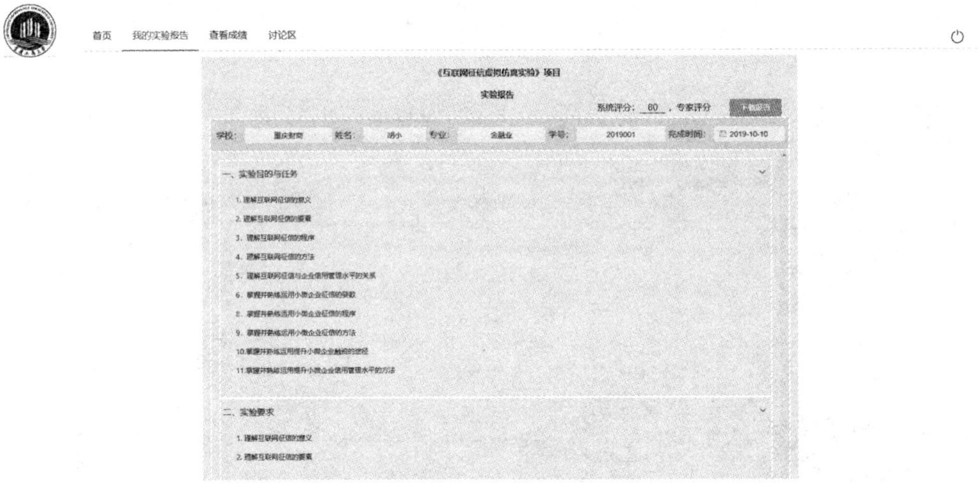

图 3. 99　查看实验报告

七、我的实验报告

我的实验报告，如图 3. 100 所示。

1. 在做实验前，“我的实验报告” 展示的是模板。
2. 提交了实验报告后，展示已做实验的实验报告。
3. “下载报告” 成功，方可传送实验数据和成绩到系统后台。

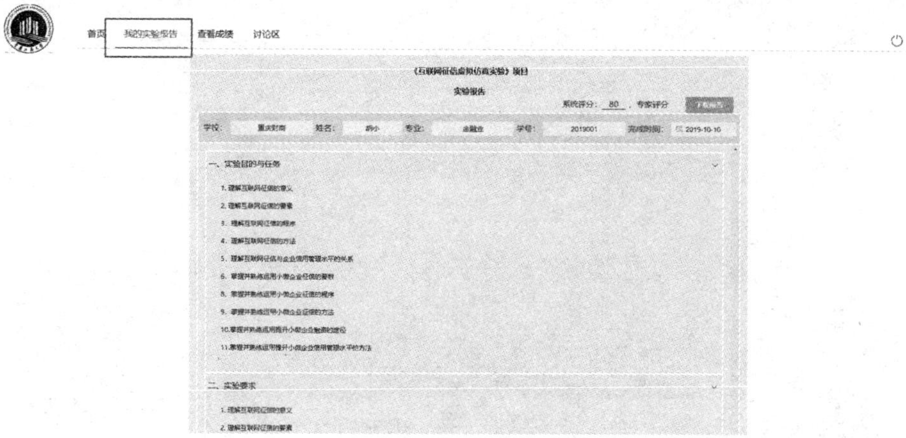

图 3.100　下载实验报告

【实训思考】

1. 为什么小微企业征信中也要对企业法定代表人进行个人征信调查?
2. 哪些因素会影响征信结果?
3. 传统征信与互联网征信有何不同?
4. 互联网征信对小微企业融资的优势?

第四篇

案例应用篇

案例　宏观经济变量对中国股市波动的影响

（全国高校经管类实验教学优秀案例　证书编号：NDC18A110004920）

【案例背景】

1. 货币政策的出台

2012 年 7 月 5 日晚上 7 点，央行宣布自 7 月 6 日起下调存贷款基准利率。金融机构一年期存款基准利率下调 0.25 个百分点，贷款基准利率下调 0.31 个百分点。这距离上次降息的 6 月 8 日还不到 1 个月。与上次降息不同的是，央行继续调整贷款的下限区间至基准利率的 0.7 倍，同时要求金融机构要继续严格执行差别化的各项住房信贷政策，继续抑制投机投资性购房。

2. 意外降息的原因

在央行连续两周进行逆回购向市场输入流动性的时候，在市场预期 7 月份是央行下调存款准备金率的敏感时期，央行“意外”地选择了不对称降息，并增加了贷款利率的下浮区间。国务院发展研究中心金融所研究员巴曙松也称“此次降息距上次降息不到一个月，这种频率的降息操作在历史上并不多见”。

（1）意外降息或与 6 月份的经济数据不理想有关

2012 年 7 月 13 日国家统计局公布数据，GDP 季度增速三年来首次破 8%。上半年国内生产总值 227 098 亿元，按可比价格计算，同比增长 7.8%。其中，一季度增长 8.1%，二季度增长 7.6%。2012 年 6 月份 CPI 上涨 2.2% 创 29 个月以来新低。中国物流与采购联合会与国家统计局服务业调查中心发布我国 6 月份制造业采购经理指数 PMI。数据显示，6 月份，中国制造业 PMI 为 50.2%，比上月微幅回落 0.2 个百分点，创 7 个月来低点，反映当前经济发展仍有下行压力。

（2）市场评论

经济学家巴曙松认为，意外降息的一个原因是 CPI 回落趋势超乎市场预期，按目前趋势，7 月份 CPI 有望回落到 2%以下，为宏观政策放松提供了空间，另外经济增长持续回落也促使包括降息在内的新的适度放松政策出台。持续降低的贷款利率有利于激发贷款需求和降低企业融资成本。清华大学经济管理学院经济学教授李稻葵也认为，在通胀压力骤降的大背景下，降息的目的是银行给实体经济让利，促进实体经济回暖。中国银行金融研究所所长宗良认为，这是央行刺激投资和消费、应对经济低迷的又一重要举措，意在“稳经济”而非着力于股市、房市。继续扩大贷款利率浮动范围，利率市场化改革再次加速。金融问题专家赵庆明分析，在 PMI 下降、企业经营不景气同时实体经济信贷需求不足，物价正在回落等状况下，此时降息比降准更有意义和价值。本次贷款利率下调 0.31 个百分点，同时下浮至 7 折，将为全社会（主要是企业）节省融资成本将近 3 000 亿元，并且降息有利于企业增加投资和增加对未来的信心。综上所述，学者对此降息政策的理解是刺激实体经济投资。

（3）银行联手“对抗”央行？

然而，工、农、中、建、交五大国有商业银行在7月6日调整一年期存款利率至基准利率1.08倍，达到3.25%。宁波银行、招商银行、北京银行、中信银行、浦发银行等中小商业银行则将一年期存款利率上调1.1倍，达到3.3%。以招商银行为例，活期存款执行0.385%的年利率，3个月期上浮到2.86%，半年期存款上浮至3.08%，1年期存款利率自基准利率的3%上浮至1.1倍，达到3.30%，均高于五大国有银行。2年期、3年期、5年期存款利率则同样与央行最新的基准利率一致。宁波银行与广东华兴银行则更为“激进”，不但将1年以下存款利率上浮，2年期、3年期、5年期存款利率也调整为4.125%、4.675%、5.225%，大有巩固长期存款之势。下面从两个方面分析。

第一，商业银行能否违背央行的指令？

2012年6月7日，中国人民银行宣布下调存贷款利率25个基点，同时放松存款利率上浮区间，即将金融机构存款利率浮动区间的上限调整为基准利率的1.1倍。自2012年6月8日起，各金融机构可将存款利率进行浮动，浮动区间的上限为基准利率的1.1倍。可见，商业银行的行为是在利率市场化推动下政策允许的前提下进行的。

第二，商业银行要上调存款利率的原因？

①由于6月属于商业银行的半年考，也导致了商业银行积极吸收存款以达到监管要求，而这些存款的存在也要求商业银行在7月5日必须上缴存款准备金，因此会造成市场间的流动性紧张。②央行发布“2012年6月份金融市场运行情况”，数据显示6月份，同业拆借利率较上月有所上升，同业拆借加权平均利率为2.72%，较5月份上升53个基点；6月29日，7天拆借加权平均利率为4.16%，较5月末上升200个基点。③商业银行息差收窄，对利润来源和资本充足率的稳定提出了挑战。

（4）降息对宏观经济的影响

① LM曲线

凯恩斯理论更强调货币的投机动机，即人们持有货币是为了购买股票债券等投资品。凯恩斯学派关于货币政策的作用可以分成两个阶段。一方面，当LM曲线向右上方倾斜时（如图4.1所示），扩张的货币政策可以降低利率并促进经济增长；另一方面，LM曲线水平，因而货币政策完全无效，只能通过扩张性的财政政策刺激经济。古典学派认为财政政策是无效的，但扩张性的货币政策可以使LM曲线右移，降低利率扩大投资，从而促进经济增长。

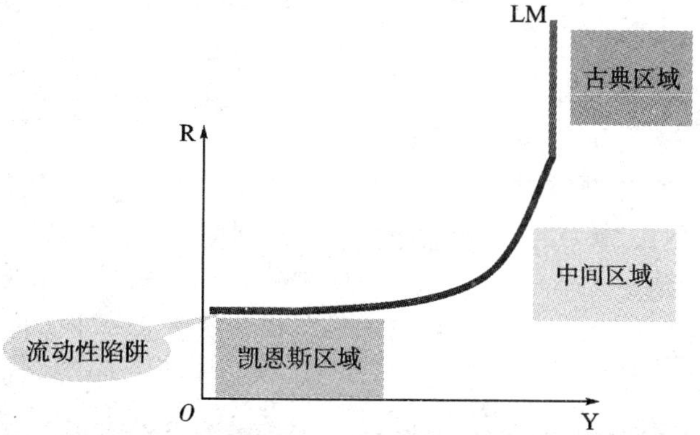

图 4.1　LM 曲线

②降息对宏观经济的影响

降息是扩张性货币政策的手段。利率分存款利率和贷款利率。贷款利率的下降会刺激投资需求，增加投资，促进经济增长。不管是新古典投资模型，还是凯恩斯理论，都认为投资是利率的函数，且与利率负相关。利率下降增加了企业贷款的欲望，促进了企业的投资需求。存款利率的下降会改变居民的资产组合，增加居民投资股票的意愿。

（5）降息对股市的影响

利率对股票投资活动有十分直接的影响。利率的变化从三个方面影响股票市场。第一，利率是计算股票内在投资价值的重要依据之一。当利率水平上升，同一股票的内在投资价值下降，从而导致股票价格下跌。第二，利率下降时，投资者对持有股票的机会成本降低，更愿意将储蓄转化到投资，股票价格会因需求增加而上升。第三，利率下降还会降低企业借贷成本，鼓励企业扩大生产规模，有利于提升业绩。虽然利率变动对股票价格的影响很直接，但是当投资者对利率变动不敏感时，利率变动的影响就没有意义了。

（6）理论很丰满，现实很骨感

①降息后股指下跌

2012 年 6 月份，上证股指震荡下跌，上证指数月末收于 2 225.43 点，较 5 月末收盘下跌 146.8 点，跌幅为 6.2%。上证 A 股市场日均交易额 606.6 亿元，较上月减少 273.4 亿元。如图 4.2 所示。

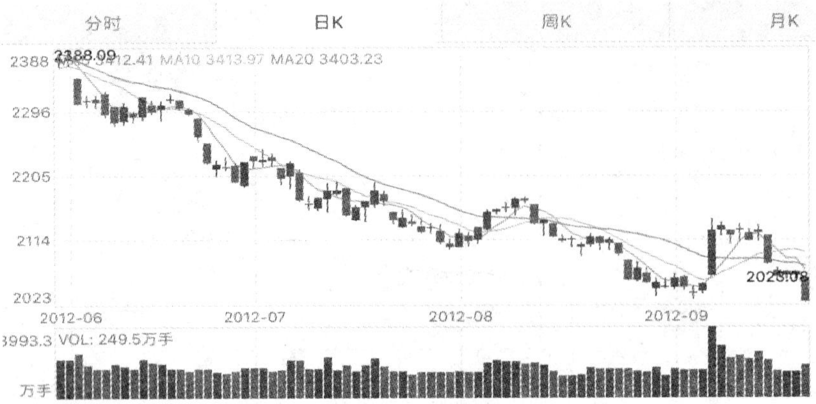

图 4.2　K 线图

在央行 2012 年 6 月 7 日和 7 月 5 日宣布降息的第二天，上证指数分别上涨 1.04%和 1.01%。然而央行宽松的货币政策对股市的刺激效果确实转瞬即逝，在两次降息宣布后的第三个交易日都拉出了阴线，而后市行情的趋势并未改变，继续震荡下行。在两次降息的过程中，上证指数下跌了 5.67%。可见，如果投资者单纯用宏观经济理论去进行投资决策分析，很有可能在降息当天买进股票，而后市的发展会使投资者被套。

②降息后股市下跌的原因分析

由于 2012 年上半年宏观经济下行压力较大，商业银行为稳定资金来源，减小降息后存贷差对银行业绩的影响，因此，在利率市场化改革的推进下，央行宣布降息后，商业银行集团上浮利率，冲淡了降息对市场的影响。

【实验目的与要求】

利用智盛金融股票模拟实战软件和 Eviews 软件建立模型，分析证券投资价值与宏观经济各变量之间的关系，判断证券投资时机和证券投资价值，实证利率变化对股市波动的影响。

（1）收集相关宏观经济变量数据，超过 15 个时间序列数据组。数据来源：在中华人民共和国国家统计局、中国人民银行、中国证券监督管理委员会、中国银行业监督管理委员会等网站上收集相关的数据（如 GDP、GDP 增长率、CPI、利率水平、法定存款准备金率、上证综合指数、深证成分指数、沪深 300 股指期货、股票总市值、外汇交易）。

（2）根据收集的数据频率和时间范围，创建 Eviews 工作文件（Workfile）

（3）录入数据，并对序列进行初步分析。分别绘制上证综合指数序列的折线图，初步分析序列的基本趋势和变量之间关系。

（4）对模型进行检验。利用 t 统计量、DW 统计量、残差正态性检验、自相关的 LM 检验、异方差的 White 检验等方法对模型进行检验。

（5）对模型进行评价。利用样本决定系数 R2 和调整后的 R2 等指标，结合模型的检验结果对模型进行评价。

（6）对模型的经济意义进行解释。对参数估计值和样本决定系数 R2 的经济意义进行解释。

（7）综合上述实验步骤得出的结果，得出最终结论（证券投资价值与宏观经济各变量之间的关系）。总结实验过程中的问题以及得到的经验教训。根据实证分析结论，完成实验报告。

【实验案例分析过程】

一、理论分析

根据投资函数可知，利率水平与投资量是负相关。首先，当利率下降，同一股票的内在投资价值上升，从而导致股票价格上升。其次，利率下降时，投资者对持有股票的机会成本降低，更愿意将储蓄转化到投资，股票价格会因需求增加而上升。最后，利率下降还会降低企业借贷成本，鼓励企业扩大生产规模，有利于提升业绩。

二、金融软件分析

1. 登录智盛金融股票实战软件，选择上证综合指数，切入案例中对应的时间点，如图 4.3 所示。

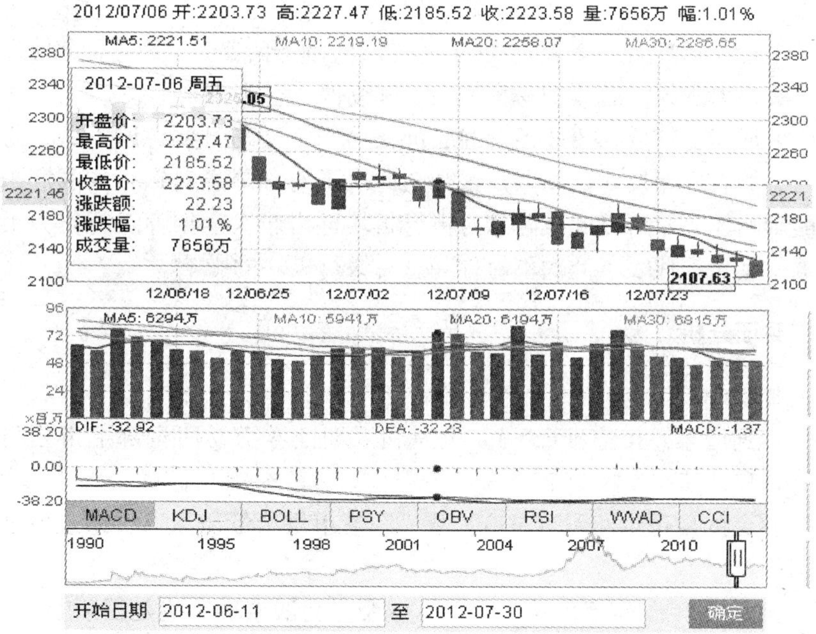

图 4.3

降息消息是在 7 月 5 日晚上宣布的，上证综合指数在降息宣布的第二个交易日（7 月 6 日）拉出一根阳线，但在下一个交易日却走出了一根长阴线，并且后期继续震荡下行。

2. 在智盛金融股票实战软件输入招商银行的股票名称或代码，切入案例对应的时间段，观察此股票的技术形态，如图 4.4 所示。

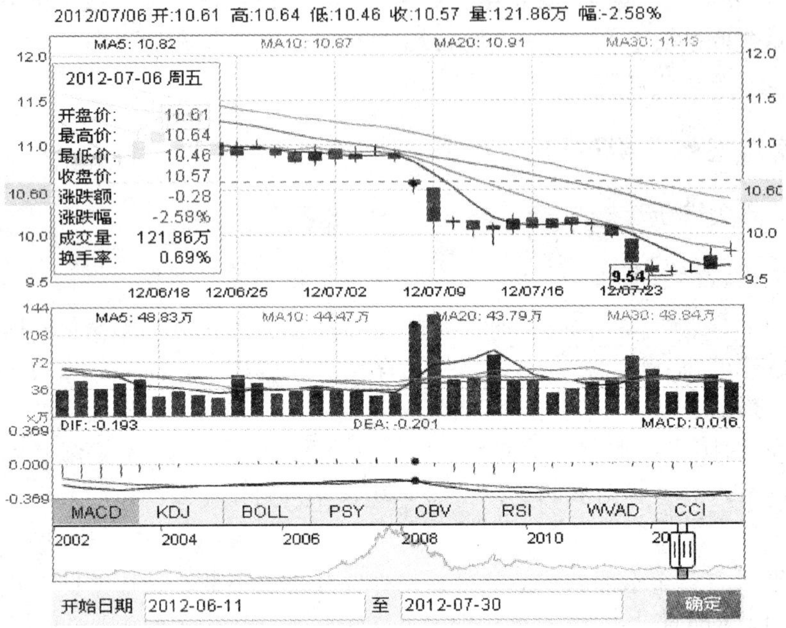

图 4.4

招商银行在降息第二个交易日即跳空低开，低开低走。下一个交易日继续下行，拉出一根大阴线，后续交易日的均线继续保持空头排列形态。

对比上证综合指数，招商银行的股价在第二个交易日便急剧下跌，与上证综合指数当天的表现相反。其原因是银行的此次不对称降息对银行的利润来源，存贷利差的影响较大，所以此次降息对银行板块冲击较大。招商银行作为银行板块的领头羊，其表现代表了此次不对称降息对银行板块的影响。

三、实证分析

1. 影响因素

（1）流通股票总市值（CSV）。上海和深圳证券交易所全部上市公司流通股票市值的总和。其作为因变量。

（2）狭义的货币供给量（M1）。狭义的货币供给量与流通股票总市值在理论上是正相关。

（3）每月股票总成交金额（TSV）。成交量对股票的影响是复杂的。

当股票上涨时，如果成交量有效放大，预期股票继续上涨的动力就越强。

当股票下跌时，如果成交量有效放大，预期股票继续下跌的动力就越强。

如果在股市趋势反转时也可能出现与前面相反的情况。

（4）国内生产总值增长率（GDPR）。它反映国内经济总量增长的速度，是经济运行环境的重要指标，并在一定程度上能反映上市公司总体业绩水平。

(5) 居民消费价格指数 (CPI)。居民消费价格指数与通货膨胀预期密切相关，且成正相关。它的变动会引起其他因素的变化，如实际利率水平，央行是否采取货币政策措施等。所以，它不是简单直接影响股票市场，而是一个综合性的影响因素。

(6) 利率 (R)。一般来说，利率越高，人们持有货币的机会成本越大，投机性货币需求就越少，实际利率变动对股票市值影响是反方向的。

(7) 随机因素 (U)。包括未考虑到的影响流通股票总市值的其他因素。

2. 计量模型

建立模型如下：

$$\mathrm{CSV}_t = f(\mathrm{M1}_t,\ \mathrm{TSV}_t,\ \mathrm{GDPR}_t,\ \mathrm{CPI}_t,\ R_t,\ U_t)$$

四、实证检验

1. 数据选取

回归分析的数据选取是从中国国家统计局、中国人民银行和中国证券监督管理委员会官方网站上获得的，数据具有准确性、权威性。

(1) 流通股票总市值 (CSV) 是沪深流通股票市值总和。它的变动基本能反映中国股票市场波动情况。

(2) 狭义的货币供给量 (M1) 是由中国人民银行定期公布的 M1。目前我国已经实行"银证通"结算方式，我们主要研究 M1 的变化对流通股票总市值的影响。

(3) 每月股票总成交量 (TSV) 数据来源于中国证券监督管理委员会统计月报。它的变动与股市波动有密切联系。

(4) 国内生产总值增长率 (GDPR) 数据来源于国家统计局公布的季度数据并修正所得，是衡量国家经济增长的最重要的指标。

(5) 居民消费价格指数 (CPI)。它能反映通货膨胀的变化情况，由中国国家统计局网站获得，并以上年同月为基期，基期值为 100。

(6) 利率 (R)。我们采用一年期存款基准利率，由中国人民银行网站获得，既可采用短期利率，也可采用长期利率，由于目前我国利率结构较为合理，采用何种利率差别不大。

2. 回归结果

我们按回归方程，根据所查数据，利用 Eviews 软件进行回归分析，并按如下步骤进行：

第一步，根据假设的流通股票总市值模型进行回归分析，得出各个变量的回归系数；

第二步，将系数不显著的变量剔除，再进行第二次回归，得出与股票市值关系最为显著的变量所构成的回归方程。

第一步结果表明，在方程回归中，GDPR 对 CVS 的统计不显著。因此，在第二步回归分析时剔除 GDPR，回归结果如下：

Ln(CVS) = -44. 112 93+0. 999 407Ln(M1)+0. 277 818Ln(TSV)+8. 397 819Ln(CPI)+ 1. 101 064Ln(R)

Prob.	0. 002 1	0. 010 3	0. 000 0	0. 001 5	0. 002 5
Std. Error	13. 157 81	0. 369 401	0. 030 191	2. 415 708	0. 335 257
t-Statistic	-3. 352 605	2. 733 560	9. 202 018	3. 476 339	3. 284 233

F=782. 612；R=0. 990 194；AR=0. 988 929（调整值）；DW=1. 843 195（杜宾值）

3. 回归结果检验

（1）方程回归分析中 R-squared 和 Adjusted R-squared 的值接近 1，表明各方程的拟合优度很高。

（2）方程回归分析都通过了显著水平为 1%的 F 检验（各方程的 F 值远远大于查阅统计颁布表的值 4. 02），表明各方程在整体上都是高度显著的。

（3）方程回归分析的 DW 值为 1. 843 195，落在［1. 513，2. 487］区间，并且在 2 的附近，通过了 1%的 DW 检验，再观察方程的残差图，我们发现，残差的分布是随机的，因此可以确定方程不存在一阶自相关问题。

（4）方程的截距和回归系数都通过了显著水平为 1%的 T 统计检验，T 的绝对值均大于查表得出的值 2. 457，而且标准差都很小。因此，方程中的截距和回归系数都是显著的，且稳定性好。

4. 回归结果分析

在回归方程中：

（1）M1 的回归系数与理论预期一致，正相关。即随着 M1 的增加，金融市场流动性增加，流入股票市场的资金越多，股价上升，股票流通市值增加。

（2）TSV 与 CSV 正相关。即沪深股市的月总交易量与股票市值是同向变动关系，说明 CSV 的增加伴随着股票交易量的推动。

（3）CPI 与 CSV 正相关。即 CPI 上升，股票市值增长。对这一现象的解释是：由于 CPI 的上升，实际利率相对下降，人们把资金投入股市的偏好增加，银行储蓄相对减少。

（4）利率 R 与 CSV 正相关，与理论预期不一致。在对中国股市的长期观测中发现，当有降息利多信息时，股市就会有上升动因的提前反应。距前次降息不到一月，频繁降息后，当降息公布后，对股市的利多已经释放并没有改变股市的局面。

（5）GDP 增长率不能反映在 CSV 中，主要原因是在 2005 年至 2007 年这三年中，GDP 的增长率之间的差额并没有大的变化，而流通股票总市值增长了 8. 41 倍。这一事实表明：近几年我国股市的牛市基础是，持续健康的经济增长和其他偏好的宏观经济指标，以及上市公司业绩的持续增长或超预期增长，而非经济增长率一年比一年的增加。

（案例来源：重庆工商大学投资理财综合实训课程主讲教师唐平、许晓静编写）

第五篇

实验报告汇编

金融工具与投资理财实验报告

（见二维码）

理财规划与投资模拟综合设计一

（见二维码）

理财规划与投资模拟综合设计二

（见二维码）

理财规划与投资模拟综合设计三

（见二维码）

参考文献

[1] 中国就业培训技术指导中心. 理财规划师基础知识 [M]. 北京：中国财政经济出版社，2011.

[2] 唐平. 投资理财综合实训 [M]. 2 版. 成都：西南财经大学出版社，2018.

[3] 张阿芬，傅庆阳. 个人理财 [M]. 厦门：厦门大学出版社，2016.

[4] 苏跃辉，徐丹. 投资理财理论与实务 [M]. 北京：经济管理出版社，2017.

[5] 张惠兰，田艳霞. 投资与理财 [M]. 北京. 北京理工大学出版社，2017.

[6] 张壬癸. 金融理财规划实务 [M]. 郑州：郑州大学出版社，2016.

[7] 楼裕胜. 征信技术与实务 [M]. 北京：中国金融出版社，2018.

[8] 郭静林. 银行信贷业务实验教程 [M]. 成都：西南财经大学出版社，2016.